태국문화의 즐거움

일러두기

* 이 책은 태국문화가 지닌 고유의 특성을 가급적 그대로 한국 독자에게 알리기 위해 씌어졌다.

* 따라서 이 책에 실린 타이어 고유명사(국명, 지명, 인명 등)는, 일반적인 외래어 표기법을 따르지 않고, 현재의 추세를 반영해 모두 현지에서 사용되는 발음대로 표기하면서 타이어를 함께 적어 두었으며(예: Dvaravati▶타와라와디 ทวารวดี, Pattani▶빳따니 ปัตตานี, Thaksin Shinawatra▶탁씬 친나왓 ทักษิณ ชินวัตร). 이 외 국가들의 고유명사도 전공자의 조언을 얻어 현지어 발음으로 표기했다(예: Dawei▶더웨, Pegu▶버고).

* 관례로 굳어진 고유명사를 현지어로 표기할 경우는 한국에서 흔히 사용되는 표기법을 병기했다(Siem Reap▶시엠립과 씨엄리업, Tonle Sap▶톤레삽과 뚜언레쌉 등).

 이야기로 세상을 바꾼다. 스토리하우스

태국문화의 즐거움

김홍구 지음

스토리하우스

머 리 말

한·태 양국이 밀접한 관계를 맺게 되는 계기는 1950년 한국전쟁이었다. 태국은 한국에 4,000명의 지상군을 파견해 아시아 국가 중 첫 번째 파병국가가 되었다. 태국사람들은 이후 한국을 아리랑과 인삼의 나라, 새마을운동을 성공시키고 빠른 경제발전을 한 나라, 86 아시안게임과 88 올림픽, 2002년 월드컵을 성공시킨 나라라는 긍정적인 인식을 갖게 되었다. 그리고 이렇게 축적된 인식들이 2000년대초부터 시작된 한류 열풍의 기반이 되었다고 볼 수 있다.

태국은 정치·외교적으로 한국과 아주 가까운 사이이다. 냉전체제하에서 양국은 공산주의자들에 대항하여 함께 싸웠으며 냉전이 종식된 후에도 아시아 지역 안보협력을 구현하기 위하여 밀접한 관계를 유지해 왔다. 양국은 양자관계는 물론 ASEAN, EAS, ARF, ASEM, APEC 등 다자관계에서도 밀접한 우호협력관계를 유지하고 있다. 경제적 측면에서 태국은 한국과 상호보완적인 교역구조를 갖고 있으며, 우리나라의 대 동남아 투자진출의 거점이 되고 있다. 사회·문화 교류도 활발하다. 2013년 기준 상호 방문 관광객 규모는 약 167만 명으로 동남아 국가 중 가장 높은 수준이다. 잘 알려진 바 같이 태국은 동남아 한류의 거점으로서 한국 TV드라마, 영화, 음반 및 게임에 대한 관심이 매우 높다. 거꾸로 한국사회에도 태국문화가 빠른 속도로 소개되고 있다.

양국간의 관계발전에 발맞추어 한국에서 태국에 대한 학문적 연구가 본격적으로 이루어진 것은 1966년과 1982년에 각각 한국외국어대학교와 부산외국어대학교에 태국어과가 설립되면서부터였다. 뿐만 아니라 1988년과 1991년 한국태국학회와 한국동남아학회가 설립되면서 태국 지역연구는 질적인 성장을 꾀하게 되었다. 그 동안 많은 태국 지역연구자들이 배출되고 연구실적도 적지 않게 축적되었다. 어·문학, 사회, 문화, 정치, 경제, 외교, 역사 등의 분야에서 많은 연구업적이 나왔다.

하지만 일반인들이 태국을 전반적으로 이해할 수 있는 개설서 수준의 단행본 출판은 극히 드물었다. 이런 필요성 속에서 필자는 1999년 『태국학 입문』을 출간하였으며 2006년에는 그 수정·보완판 이라고 할 수 있는 『한 권으로 이해하는 THAILAND』도 출간한 바가 있다. 돌이켜 보니 이 당시는 태국 속 한류가 활발하게 태동하고 있었던 때였다.

이번 『태국 문화의 즐거움』은 기존 두 권의 책들과 몇 가지 점에서 달라졌다. 우선 시각적으로 큰 차이를 보인다. 내용에 부합하는 컬러 사진과 그림을 대폭 보완해 독자들이 지루해하지 않고, 재미있게 읽을 수 있도록 했다. 그 동안 변화된 내용들을 보완하거나 새로운 내용을 수록한 부분도 적지 않다. 뿐 만 아니라 타이어 고유명사(지명, 인명 등)는 현재의 추세를 반영해 모두 현지에서 사용되는 발음대로 한글로 표기하면서 타이어도 함께 적어 두었다.

이 책은 태국을 전반적으로 이해 할 수 있는 여러 가지의 주제들을 자세하고 알기 쉽게 소개하고 있다. 태국의 개황, 자연환경, 역사, 사회와 교육, 종교, 예술과 스포츠, 의복·음식·주거, 민족·언어·문학, 정치, 경제, 한류에 이르기까지 모든 분야를 다루어 태국에 관심 있는 사람들에게 꼭 필요한 백과사전으로 사용될 수 있도록 했다. 본문의 내용을 보완하는 의미로 고대왕국과 왕의 목록, 역대 총리와 내각, 헌법·선거·쿠데타 관련 표, 경제사회 핵심수행지표와 흥미로운 경제상식에 관한 표들도 부록으로 만들었다.

책을 쓸 때마다 반복되는 일이지만 제한된 시간내에 작업을 하다보니 꼭 필요한 부분을 빠뜨렸거나 잘못된 부분도 있으리라고 생각한다. 내용의 완성도가 떨어지는 부분은 앞으로 개정·보완판에 반드시 반영하게 될 것이다. 독자 여러분의 따뜻한 비판과 조언을 바라 마지 않는다.

끝으로 이 책의 출간 및 편집과정에서 도움을 준 모든 분들께 깊이 감사를 드린다. 특히 원고를 다듬고 편집해 주신 안우리 실장님과 편집부 직원들께 깊은 감사를 드린다.

금정산 자락 부산외국어대학교 연구실에서

2016년 2월

金 洪 九

contents

머리말 …… 4

1. 태국을 찾아서 …… 14
   국토 … 16
   지형 … 18
   우기와 건기 … 25
   풍부한 천연자원 … 26

2. 태국의 역사속으로 …… 28
   타이 족의 기원과 초기의 왕국들 … 30
   쑤코타이 왕국 … 36
   아윳타야 왕국 … 38
   랏따나꼬씬 왕국 … 52

3. 태국의 사회와 교육 ······ 60
개인주의와 권위주의 ··· 62
다양한 가치관의 태국인 ··· 66
전통 의식 ··· 69
교육제도 ··· 80

4. 불교의 왕국, 태국 ······ 86
불교 ··· 88
브라만교 ··· 107
애니미즘 ··· 113
기타 종교 ··· 116

5. 태국의 문화속으로 …… 120
    불상과 스투파 … 122
    사원의 구조 … 128
    회화 … 130
    음악 … 132
    무용과 연극 … 134
    스포츠 … 139

6. 태국의 의식주를 찾아서 …… 144

의복의 변화 … 146

먹을거리 … 150

주거방식 … 165

8. 위태로운 태국 정치와 경제 ······ 190

악순환의 태국정치: 군과 쿠데타 ··· 192
셔츠 색깔에 담긴 정치 ··· 202
국왕과 정치 ··· 205
왕실가족과 왕위계승 ··· 208
행정제도 ··· 211
좀 더 알아보기_ 역대 태국 총리와 내각 ··· 213
　　　　　　　태국의 헌법·선거·쿠데타 ··· 216
경제 ··· 217
좀 더 알아보기_ 경제사회 핵심수행지표 ··· 222
　　　　　　　직업별 봉급 비교 ··· 224
　　　　　　　10대 재벌기업들 ··· 225
　　　　　　　20대 재벌들 ··· 226

9. 한국과 태국의 만남 ······ 228
한국과 태국관계 ··· 230
북한과 태국 관계 ··· 234
한국과 태국 인연의 역사 ··· 235
한류와 태류 ··· 244

태국 알아보기 ······ 258
태국 알아보기 ··· 262
태국 왕조의 왕들 ··· 268
참고문헌 ··· 276
색인 ··· 280

국토

태국의 전 국토는 총 76개의 도방콕을 포함하면 77개의 도로 나뉘며 북부 9개, 중부 21개, 동북부 20개, 남부 14개, 동부 7개, 서부 5개의 도로 구성된다. 지방행정 단위는 2개 특별시방콕과 팟타야, 76개 도, 878개 군2010년, 7,255개 면2009년, 69,307개 동2009년으로 구성되어 있다. 가장 최근에 생긴 도는 동북부 지방의 븡깐บึงกาฬ도이다2011년.

태국의 국토 범주는 북위 5도 37분부터 20도 27분과 동경 97도 22분부터 105도 37분 사이에 있다. 근대적 관점의 국토 범주는 20세기 초 확정되었으나 그 낭시 태국은 지배 하에 두었던 캄보디아의 3개 주를 프랑스에게1907년, 북부 말레이의 4개 주를 영국에게1909년 할양했다. 1941년에는 라오스령 메콩강Mekong 우안右岸과 캄보디아령 구 태국의 실지를 회복했으나, 제2차 세계대전에서 패배하자 다시 현재의 국경이 확정되었다.

프랑스에게 할양했던 캄보디아 3개 주 중 하나는 앙코르 왓트가 있는 시엠립Siem Reap이다. 이 지역은 아웃타야 왕국이 1431년 앙코르 왕국을 공격한 후 방치되어 있다가 1867년 프랑스-태국 조약 체결 후 태국이 이 지역을 얻어 싸얌 나컨 도Siam Nakhon province, สยามนครรา고 불렸으나, 1907년에는 프랑스 인도차이나의 일부로 캄보디아에 반환했다. 1940~1941년 사이 프랑스와의 전쟁에서 태국이 승리한 후 다시 태국의 일부가 돼1941~1947 그 지명이 피분쏭크람 도Phibunsongkhram Province, พิบูลสงครามา로 바뀌었으나, 2차 대전 후 일본이 전쟁에 패하자 다시 캄보디아에 반환했다. 이 지역의 지명은 현재 시엠립defeat Siam 이라고 부른다.

태국의 국토 면적은 51만 3,120 km²이다. 국경선의 길이는 서쪽 미얀마와의 국경선이 1,800km, 남쪽 말레이시아와의 국경선이 506km, 동쪽 캄보디아와의 국경선이 803km, 동북부 라오스와의 국경선이 1,754km로 모두 4,863km에 달한다. 또 해안선은 3,219km에 달한다.

태국의 인구는 약 6,800만 명 2014년이다. 각 도의 인구수를 살펴보면 방콕 825만, 나컨랏차씨마 252만, 싸뭇쁘라깐 183만, 우본랏차타니 174만, 컨깬 174만, 치앙마이 171만, 촌부리 155만, 쏭클라 148만, 나컨씨탐마랏 145만, 논타부리 133만 명 등이다2012년. 이 중 방콕 인구수는 통계 출처에 따라 다소 변동이 있는데 다른 지방에서 이주해온 사람들계절 노동자 등과 주민등록이 되어 있지 않은 외국인 등의 수가 포함되지 않은 것 때문일 것이다.

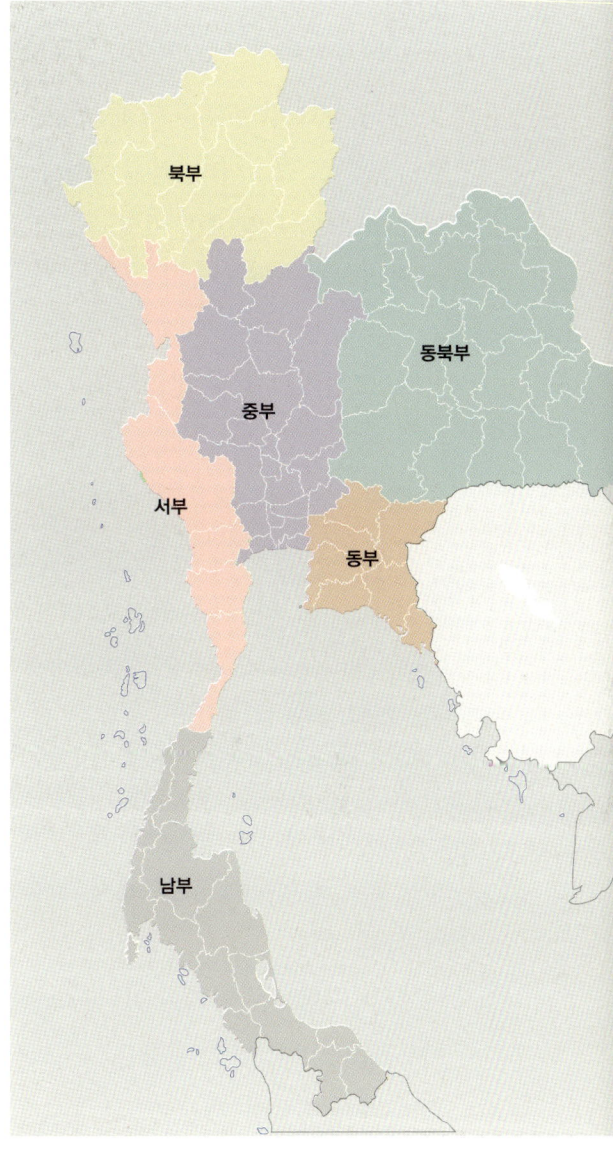

태국의 국토

지형

태국 국토의 면적은 세계 51위이다. 이는 프랑스나 미국의 캘리포니아 주와 비슷한 크기이다. 동남아시아 대륙의 중앙에 위치하는 태국은 자연환경에 따라 크게 네 개의 지역_{북부, 중부, 동북부 및 남부}으로 구분되며, 각 지역마다 여러 가지 특징을 보인다.

1. 고산족의 북부 산악지대

북부는 산악지대로 지역의 반을 산이 뒤덮고 있다. 남북방향의 높은 산맥이 줄지어 있으며, 태국 최고봉인 더이 인타논ดอยอินทนนท์, 2,564m도 이 지역에 있다. 이 산의 이름은 치앙마이 왕국의 실질적인 마지막 왕พระเจ้าอินทวิชยานนท์, 1871~1897의 이름을 딴 것이다. 이 지역은 삥ปิง, 왕วัง, 욤ยม, 난น่าน 강이 흐르고 있으며 계곡을 흐르는 강은 좁은 침전물 평야를 형성해 곡물재배에 적합하여 많은 인구가 거주하고 있다. 이 강들은 태국의 주요 물길이라고 할 수 있는 짜오프라야 강의 상류수를 이룬다. 산에서는 화전경작도 이루어진다. 내륙의 중요한 도시는 치앙마이, 치앙라이, 람빵 등이 있다.

북부 지역에는 일찍이 란나ล้านนา왕국1292년이 건설되었다. 그 시조는 멩라이เม็งราย 왕이다. 란나 왕국은 1558년부터 1774년까지 버마의 속국이 되었으며 다시 태국의 자치령으로 존속하다가 쭐라롱껀대왕จุฬาลงกรณ์ 때 태국의 한 도로 편입되었다.

북부 지역은 고산족이 거주하는 것으로 유명하며 비교적 시원한 날씨 때문에 이에 적합한 린찌ลิ้นจี่, 딸기 등의 과일, 야채, 담배, 커피 등이 재배되고 있다. 또한 티크 생산으로도 유명한 지역이다.

2. 태국과 라오스가 공존하는 동북부

동북부는 이싼อีสาน 이라고 알려져 있는데, 이 지역의 동쪽과 북쪽으로 메콩강แม่น้ำโขง이 흐르고 있다. 남쪽으로 동락 산맥ทิวเขาพนมดงรัก, 서쪽으로는 펫차분เพชรบูรณ์ 산맥이 펼쳐져 있다. 거의 전역에 코랏โคราช 분지가 펼쳐져 있으며, 강우량이 적어 농작물이 자라기 어려운 환경이라 경제적 빈곤이 문제가 되는 지역이다. 이곳은 구멍이 많은 이른바 다공질의 토양porous soil 으로 이루어져 수분을 함유할 수 없기 때문에 작물생산에 어려움을 겪는다. 따라서 벼농사 외에 밭농사와 축산이 이루어진다. 주민들은 찰기 있는 쌀sticky rice, ข้าวเหนียว을 즐겨 먹는다. 태국 전 인구의 약 3분의 1이 이곳에 거주한다. 주요 도시는 라컨랏차씨마, 컨깬, 우본랏차타니, 우던타니 등이 있다.

이 지역은 역사적으로 때때로 라오스 란창ล้านช้าง 왕국의 일부가 되었던 곳이다. 18세기 말과 19세기 초에 걸쳐 태국은 이 지역의 지배권을 확보하고 메콩강 너머 수많은 라오스인들을 소개시켜 거주토록 함으로써 태국과 라오스의 혼합 문화가 형성됐다. 19세기 말 쭐라롱껀 대왕은 행정개혁을 통해 이곳을 태국화함으로써 저항을 받게 되었다. 1930년대 동북부의 엘리트들은 방콕 중앙정부에 대해 저항하는 주요한 정치세력을 형성했다. 그들의 반정부 성향으로 1940년대 말과 1960년대 초에 걸쳐 동북부 정치인 암살과 투옥사건이 빈번히 발생했다.

3. 태국 문화의 근원지, 중부

중부는 짜오프라야 강แม่น้ำเจ้าพระยา 이 형성한 광대한 짜오프라야 삼각주로 불리는 풍성한 평지가 펼쳐져 있어, 세계에서 손꼽히는 벼농사 지대가 되고 있다. 짜오프라야 강은 국내 제일의 하천으로 중부 교통의 대동맥이며 생활과 농업 생산에 필요한 물을 공급한다. 역사적으로 쑤코타이와 아윳타야 왕국이 형성된 곳이고 이곳을 중심으로 태국 고유의 문화와 정치권력이 생성, 확대되어 나갔다. 현재 그 중심에는 방콕이 있다. 이 외에 중요 도시는 아윳타야, 촌부리, 롭부리, 나컨나욕, 차츠엉싸오, 팟타야, 나컨빠톰, 랏차부리 등이 있다.

4. 관광과 무역의 중심지, 남부

남부는 말레이 반도의 일부를 차지하며, 대부분 산지이나 타이만쪽 동편에는 해안에 잇닿은 소규모 해안평야 몇 곳이 형성되어 자급자족할 수 있는 벼농사가 이루어진다. 중부 지방보다 우기가 긴 것으로도 유명하다.

서쪽으로 안다만, 동쪽으로 타이만을 통해 접근할 수 있어 일찍이 종교, 무역, 정치체제가 발전되어 왔다. 상좌부불교는 나컨씨탐마랏นครศรีธรรมราช을 통해서 들어왔고 이슬람은 빳따니ปัตตานี에서 뿌리를 내렸다. 반도 서쪽에는 고무, 팜오일, 주석이 생산되고 있다. 반도 동쪽에서는 쌀 재배와 코코넛 플랜테이션이 이루어진다. 서쪽 해안을 따라 수많은 섬들이 산재해 있으며, 가장 큰 섬은 푸껫ภูเก็ต이다. 섬과 해안이 아름다워 관광산업이 지역경제에서 중요한 비율을 차지한다. 대부분의 남부 도시들은 해안을 따라 형성되어 있지만 가장 큰 도시인 핫야이หาดใหญ่만은 내륙도시다. 남부지역에는 수백만 명의 타이 무슬림들이 거주하고 있으며 이들은 5개 남부 도에 집중되어 있다. 이 지역은 민주당의 아성이기도 하다.

5. 중부 안의 서부와 동부

태국 중부는 다시 중부, 동부, 서부로 나눌 수 있다. 동부와 서부는 북부, 동북부, 중부, 남부같이 지리적·문화적 특성에 따른 분류 지역은 아니다. 그러나 동부 지역은 경제적으로 매우 중요하다. 타이만 지역에는 석유와 천연가스가 발견되었으며 라영은 자동차 산업이 급속도로 발전하고 있다Detroit of the East. 짠타부리는 주요한 보석과 과일 산지이며, 베트남 카톨릭 공동체가 있다. 이 지역에는 유명한 휴양도시인 팟타야, 꺼싸몟, 꺼창, 꺼꿋이 있으며 램차방แหลมฉบัง 항구와 월남전때 미군기지로 사용된 후 지금은 국제공항이 된 우따파오 공항ท่าอากาศยานนานาชาติอู่ตะเภา이 있다.

서부 깐짜나부리 도는 영화 콰이강의 다리The Bridge on the River Kwai, แม่น้ำแควำ로 널리 알려진 곳이기도 하다.

태국지도

- 치앙라이
- 파야오
- 난
- 매형썬
- 치앙마이
- 람빵
- 람푼
- 프래
- 웃따라딧
- 딱
- 쑤코타이
- 핏싸누록
- 펫차분
- 르어이
- 넝카이
- 붕깐
- 나컨파놈
- 넝부어람푸
- 우던타니
- 싸꼰나컨
- 깜팽펫
- 피찟
- 깔라씬
- 묵다한
- 나컨싸완
- 차이야품
- 껀깬
- 마하싸라캄
- 러이엣
- 야쏘톤
- 암낫짜르언
- 우타이타니
- 차이낫
- 롭부리
- 우본랏차타니
- 나컨랏차씨마
- 부리람
- 쑤린
- 씨싸껫
- 씽부리
- 쑤판부리
- 앙텅
- 싸라부리
- 깐짜나부리
- 아윳타야
- 나컨나욕
- 쁘라찐부리
- 빠툼타니
- 나컨빠톰
- 싸깨우
- 랏차부리
- 차층엉싸오
- 촌부리
- 펫차부리
- 라영
- 짠타부리
- 싸뭇쁘라깐
- 끄룽텝 마하나컨
- 논타부리
- 싸뭇싸컨
- 싸뭇쏭크람
- 뜨랏
- 쁘라쭈업키리칸
- 춤펀
- 라넝
- 쑤랏타니
- 팡응아
- 푸껫
- 끄라비
- 나컨씨탐마랏
- 뜨랑
- 팟탈룽
- 싸뚠
- 쏭클라
- 빳따니
- 얄라
- 나라티왓

북부	중부
치앙마이 Chiang Mai เชียงใหม่	앙텅 Ang Thong อ่างทอง
치앙라이 Chiang Rai เชียงราย	아윳타야 Ayutthaya พระนครศรีอยุธยา
람빵 Lampang ลำปาง	끄룽텝 마하나컨 Bangkok, Krung Thep Maha Nakhon Special Governed District กรุงเทพมหานคร
람푼 Lamphun ลำพูน	차이낫 Chai Nat ชัยนาท
매헝썬 Mae Hong Son แม่ฮ่องสอน	깜팽펫 Kamphaeng Phet กำแพงเพชร
난 Nan น่าน	롭부리 Lop Buri ลพบุรี
파야오 Phayao พะเยา	나컨나욕 Nakhon Nayok นครนายก
프래 Phrae แพร่	나컨빠톰 Nakhon Pathom นครปฐม
웃따라딧 Uttaradit อุตรดิตถ์	나컨싸완 Nakhon Sawan นครสวรรค์
서부	논타부리 Nonthaburi นนทบุรี
깐짜나부리 Kanchanaburi กาญจนบุรี	빠툼타니 Pathum Thani ปทุมธานี
펫차부리 Phetchaburi เพชรบุรี	펫차분 Phetchabun เพชรบูรณ์
쁘라쭈업키리칸 Prachuap Khiri Khan ประจวบคีรีขันธ์	피찟 Phichit พิจิตร
랏차부리 Ratchaburi ราชบุรี	핏싸누록 Phitsanulok พิษณุโลก
딱 Tak ตาก	쑤코타이 Sukhothai สุโขทัย
동북부	싸뭇쁘라깐 Samut Prakan สมุทรปราการ
암낫짜르언 Amnat Charoen อำนาจเจริญ	싸뭇싸컨 Samut Sakhon สมุทรสาคร
부리람 Buri Ram บุรีรัมย์	싸뭇쏭크람 Samut Songkhram สมุทรสงคราม
차이야품 Chaiyaphum ชัยภูมิ	싸라부리 Sara Buri สระบุรี
깔라씬 Kallasin กาฬสินธุ์	씽부리 Sing Buri สิงห์บุรี
컨깬 Khon Kaen ขอนแก่น	쑤판부리 Suphan Buri สุพรรณบุรี
르어이 Loei เลย	우타이타니 Uthai Thani อุทัยธานี

마하싸라캄 Maha Sarakham มหาสารคาม	**동부**
묵다한 Mukdahan มุกดาหาร	차츠엉싸오 Chachoengsao ฉะเชิงเทรา
나컨파놈 Nakhon Phanom นครพนม	짠타부리 Chanthaburi จันทบุรี
나컨랏차씨마 Nakhon Ratchasima นครราชสีมา	촌부리 Chon Buri ชลบุรี
넝부어람푸 Nong Bua Lamphu หนองบัวลำภู	쁘라찐부리 Prachin Buri ปราจีนบุรี
넝카이 Nong Khai หนองคาย	라영 Rayong ระยอง
러이엣 Roi Et ร้อยเอ็ด	싸깨우 Sa Kaeo สระแก้ว
싸꼰나컨 Sakon Nakhon สกลนคร	뜨랏 Trat ตราด
씨싸껫 Si Sa Ket ศรีสะเกษ	**남부**
쑤린 Surin สุรินทร์	춤펀 Chumphon ชุมพร
우본랏차타니 Ubon Ratchathani อุบลราชธานี	끄라비 Krabi กระบี่
우던타니 Udon Thani อุดรธานี	나컨씨탐마랏 Nakhon Si Thammarat นครศรีธรรมราช
야쏘턴 Yasothon ยโสธร	나라티왓 Narathiwat นราธิวาส
븡깐 Bueng Kan บึงกาฬ	빳따니 Pattani ปัตตานี
	팡응아 Phang Nga พังงา
	팟탈룽 Phatthalung พัทลุง
	푸껫 Phuket ภูเก็ต
	라넝 Ranong ระนอง
	싸뚠 Satun สตูล
	쏭클라 Songkhla สงขลา
	쑤랏타니 Surat Thani สุราษฎร์ธานี
	뜨랑 Trang ตรัง
	얄라 Yala ยะลา

우기와 건기

태국의 기후는 강우량의 유무에 따라 우기5~10월, 평균기온 24~32도와 건기11~4월로 나뉜다. 건기는 추운 계절과 더운 계절로 나뉘는데 11~2월이 추운 계절평균기온 18~32도에 속한다. 보통 최저기온은 10도를 내려가지 않지만 1974년 1월 2일 싸꼰나컨 도는 영하 1.4도를 기록한 적이 있다. 이 시기에 낮에는 30도 가까운 고온을 유지하지만 저녁에는 10도까지 내려간다. 건기 후반인 3~4월은 매우 더우며평균기온 27~35도 기온이 40도를 넘는 날이 많다. 1960년 4월 27일 웃따라딧 도는 44.5도를 기록하기도 했다. 학교에서는 이 시기가 여름방학에 해당하며 태국의 정월인 쏭끄란 행사가 개최되는 것도 이 시기인 4월 13일이다.

강우량의 많고 적음은 주로 계절풍의 영향을 받는다. 건기에는 동북 방향에서 무역풍겨울 몬순이 분다. 대륙의 건조하고 차가운 공기를 운반해 오기 때문에 전국적으로 비가 내리지 않지만 말레이 반도의 동부 지방만은 이 바람이 타이만을 지날 때 습기를 함유하게 되기 때문에 거꾸로 우기가 된다. 우기에는 인도양의 남서 방향에서 계절풍여름 몬순이 불어 습기를 함유한 공기가 비를 내리게 한다. 사이클론cyclone이나 태평양의 태풍이 엄습해 피해가 적지 않다.

풍부한 천연자원

태국의 주요 농산물은 쌀, 카사바cassava, 사탕수수, 옥수수, 마른 콩, 대두大豆, 코코넛, 오일 팜, 토마토, 양파, 수박, 바나나, 오렌지, 망고, 파인애플 등이다. 태국은 긴 해안선을 갖고 있으며, 물고기가 국민 주식이기 때문에 수산자원이 매우 중요하다. 2010년 국내에서 50만 톤 이상의 물고기를 생산해 세계 수산강국으로 떠올랐다. 태국은 중국에 이어 세계 2위의 새우 생산국이기도 하다.

주요 천연자원으로는 주석, 고무, 천연가스, 텅스텐, 탄탈륨tantalum, 원목, 납, 석고gypsum, 갈탄lignite, 형석fluorite 등이 있다. 태국 라영지역 타이만에는 다량의 천연가스가 생산된다. 석유 유사물질인 오일셸Oil Shale이 여러 곳에서 발견되고 있으나 개발 비용이 많이 들기 때문에 실용화되지는 않은 상태다.

태국의 역사 속으로

2

타이 족의 기원과 초기의 왕국들

1. 타이 족은 이주족

한 민족의 역사적 기원에 대한 설명은 다양하다. 태국 역시 마찬가지다. 타이 족Thai은 원래 따이 족Tai의 분파이다. 타이 족의 기원에 대해서는 중국 쓰촨성 북부 기원설, 산시성 남부 기원설, 알타이산 기원설, 중국 남부와 광저우·광시·윈난·구이저우 기원설, 현재 태국 땅에 거주하고 있었다는 토착민족 기원설, 인도네시아 제도 기원설 등이 있다. 이 중 인도네시아 제도 기원설은 다른 학설과는 달리 타이 족과 인도네시아인이 동일 혈족 그룹이라는 것으로 타이 족이 남에서 북으로 이주했다고 설명하고 있다.

이와 같이 그 기원에 관한 학설은 분분하지만, 대체로 몽고족의 혈통을 이어 받았으며 알타이Altai 산맥 부근의 중국 북서쪽에 분포되어 거주하다가 황하 상류지역을 거쳐 양자강 유역으로 남하했다고 정리해 볼 수 있다.

양자강 유역에 거주했던 타이 족은 초기에 수 개의 부족으로 나누어져 있었으며 뭉ฺมง, 룽ลุง, 빠ปา, 아이라우อ้ายลาว라고 불렸다. 이후 이들은 점차 통일된 국가의 형태를 이루었으나 중국의 잦은 침략을 받아 남하하던 중, AD 737년 피러꼬พีล่อโก๊ะ, 皮羅閣가 윈난성雲南省에 난짜오น่านเจ้า, 南詔 왕국을 건립했다.

난짜오 왕국은 1253년 몽고의 쿠빌라이칸Kublai Khan에 의해 정복되었고 그곳의 유민들은 동남아 지역으로 크게 세 갈래로 나뉘어 남하했다. 서쪽 버마의 샐윈강Salween으로 이주한 종족은 샨Shan 또는 타이 야이ไทยใหญ่라고 불렸으며, 이들 중 일부는 서쪽으로 계속 이주하여 인도의 아삼Assam 지역 동부에 아홈Ahom 왕국을 건설했다. 동부로 이주한 타이 족은 메콩강 유역에 거주하는 한편 통킹Tongking 및 라오스 방면까지 진출했다. 또 다른 그룹은 짜오프라야 강 계곡으로 진출했는데, 이들을 타이 너이ไทยน้อย라고 부르고 있으며 오늘날 태국인의 직접적인 조상이 되는 사람들이다.

윈난성

짜오프라야 강

2. 원주민과 초기왕국들

타이 족이 중국 남부로부터 오늘날의 태국 땅으로 이주해 오기 전, 이 지역은 4,000~5,000년의 역사를 갖고 있었던 것으로 추정된다. 동북부 우던타니 도 반치앙บ้านเชียง에서는 B.C. 3000년경의 유물이, 깐짜나부리 도의 반까오บ้านเก่า에서는 B.C. 2000년경의 유물이 출토되기도 했다.

이 지역에는 수천 년 전에 인도로부터 이주해 온 네그리토 족Negritos이 거주했고 이후 B.C. 1세기경에 먼 족มอญ, 크메르 족เขมร, 라와 족ละโว้이 출현했다. 이들은 네그리토 족 보다 문화적으로 앞선 종족이었으며 점차 네그리토족을 대체하게 되었다. 먼 족은 남쪽으로는 이라와디Irawadi 강 남쪽까지 영토를 확장하면서 샐윈Salween, Thanlwin 강 유역에 거주했으며, 크메르 족은 오늘날 캄보디아의 메콩강 하류에 거주했다. 라와 족은 먼과 크메르 족 중간지역인 짜오프라야 강 계곡에 거주했으며 이들은 모두 인도문화를 수용했다.

동남아에 있어서 최초의 인도문화의 침투는 기원전 해상 무역상들에 의해 이루어졌는데, 인도문화는 동남아 지역 고대국가 형성에 큰 영향을 미쳤다. 동남아 최초의 부남 왕국扶南, AD 1~7C 은 힌두화 된 정치적 기반 위에 건설된 왕국이었다.

이 왕국은 오늘날의 캄보디아와 베트남의 남단인 메콩Mekong 델타를 중심으로 발전했으며 동서무역의 중개지 역할을 했다. 푸난 왕국은 힌두화 된 진랍 왕국眞臘, AD 7~9C과

전성기의 앙코르 왕국

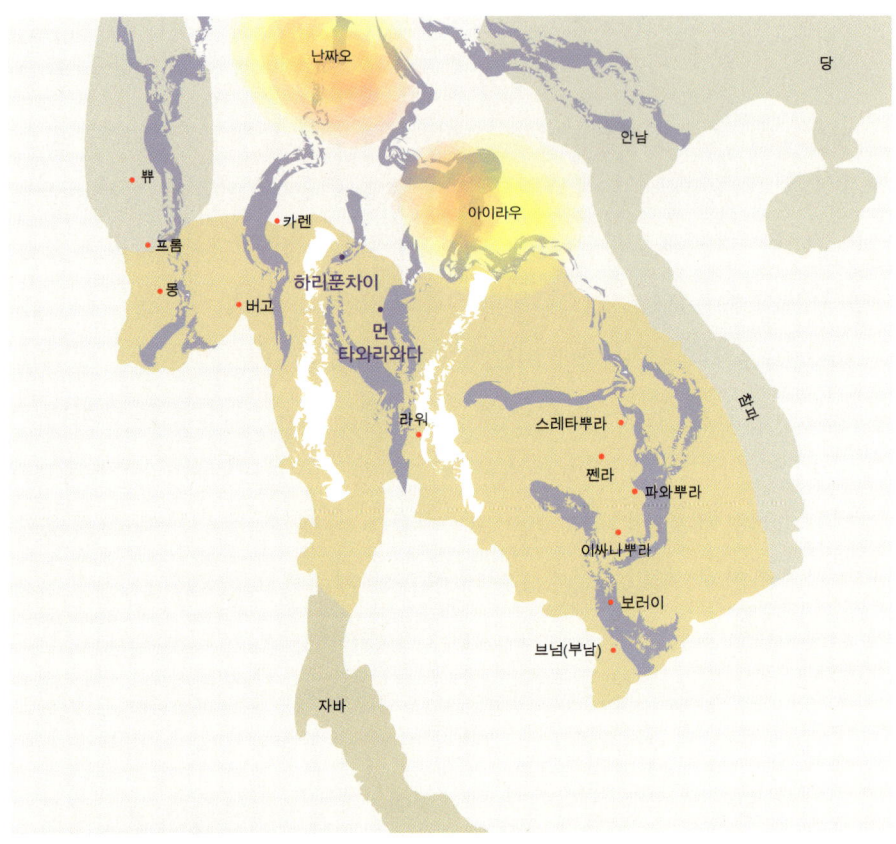

타와라와디, 하리푼차이

    힌두교·대승불교를 신봉했던 앙코르 왕국Angkor, AD 9~15C에 의해서 계승됐는데 전성기의 앙코르 왕국은 캄보디아로부터 말레이 반도, 북부 태국과 라오스까지 영토를 확대했다.

    부남 왕국의 멸망과 함께 발생한 짜오프라야 강 유역의 권력 공백은 먼 족이 세운 타와라와디 왕국ทวารวดี, AD 6~12C에 의해 메워졌다. 7세기경 이 왕국의 영토는 롭부리ลพบุรี와 태국 북부지방까지 확대되었으나 12세기 초 앙코르 왕국에 의해 정복 당했다. 이후 앙코르 왕국은 오늘날 태국 영토의 대부분을 자신의 영토로 편입시켰다.

먼족은 7세기경 또 다른 왕국인 하리푼차이 왕국 อาณาจักรหริภุญชัย, AD 7~13C을 건립했으나 이 역시 앙코르 왕국의 조공국으로 전락했다. 한편 북부 태국에는 앙코르 왕국의 세력이 약화돼 틈을 타 타이 족의 족장인 멩라이เม็งราย가 1292년 하리푼차이 왕국을 점령한 후 란나ล้านนา왕국을 건립했다. 란나 왕국은 16세기 들어서 버마의 속국1558~1774이 되었다가 19세기 말 태국에 완전 병합되었다.

란나왕국, 쑤코타이 왕국

쑤코타이 왕국อาณาจักรสุโขทัย, AD 1238~1438

쑤코타이 왕국이 건립된 13세기 초 태국 북부 지방에는 다수의 소왕국들이 도시 국가의 형태를 띠고 할거했는데, 이들 소왕국 중 랏ราด과 방양บางยาง 왕국이 합세하여 1238년 당시 쑤코타이 지역을 지배하고 있었던 앙코르 왕국을 몰아내고 쑤코타이 왕국을 건립했다. 초대 왕은 씨인트라팃 왕พ่อขุนศรีอินทราทิตย์이었으며 이후 200년 동안 9명의 왕이 통치했다.

쑤코타이 왕국은 3대 왕인 람캄행 대왕พ่อขุนรามคำแหงมหาราช 때 최대의 번영을 구가했다. 람캄행 대왕은 1283년 남인도에서 유래된 먼과 크메르 문자를 기초로 하여 태국문자를 창제했다. 영토확장에도 심혈을 기울여 북쪽은 란나 왕국, 북동쪽은 루엉프라방Luang Prabang, 남쪽은 북부 말레이반도, 서쪽은 버고Pegu, Bago까지 영토를 확장했다.

람캄행 대왕은 1292년 중국과 외교 관계를 수립하여 수차례에 걸쳐 외교사절을 파견했으며 매년 조공을 바쳤는데 조공관계는 1851년까지 지속되

람캄행 대왕 비문

었다. 그는 또한 스리랑카에서 수학하고 돌아온 고승을 나컨씨탐마랏นครศรีธรรมราช에서 초빙해 상좌부上座部 불교를 도입했다.

쑤코타이 왕국의 통치형태는 아버지가 자식을 다스리는 것과 같은 형태로, 왕권은 가부장적이며서 온정주의적 성격을 띤다. 쑤코타이 왕국은 왕을 정점으로 완만히 구성된 봉건체제적 사회적 특성을 가진다.

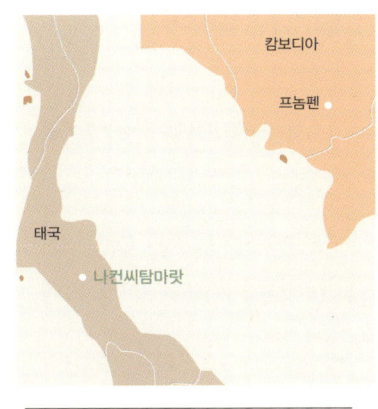

나컨씨탐마랏

쑤코타이 왕국은 람캄행 대왕 이후 쇠퇴하기 시작했다. 그의 아들인 르어타이왕พระยาเลอไทย때는 많은 조공국들이 독립을 선언했으며 왕실 내에는 왕위 계승을 둘러싼 내분이 발생해, 1378년 속국이었던 아윳타야อยุธยา 왕국에게 항복함으로써 140년 만에 실질적인 독립을 상실했다. 이후 탐마라차 4세พระมหาธรรมราชาที่ 4가 주은 후에는 아윳타야에게 완전히 병합되었다.

쑤코타이

아윳타야 왕국 อาณาจักรอยุธยา, AD 1350~1767

1. 초기의 아윳타야 왕국

아윳타야 왕국은 단일 왕계王系가 아닌 5개의 왕계35명의 왕가 번갈아 가면서 417년간 지배했던 왕국이었기 때문에 정치적으로 매우 불안정했다.

아윳타야 왕국

14세기 후반에 시작된 아윳타야 왕국 역사 초기의 움직임을 살펴보면 서쪽 쑤판부리 สุพรรณบุรี와 크메르 제국의 영향을 많이 받았던 북쪽의 롭부리 ลพบุรี가 왕국의 패권을 놓고 다투던 중 쑤판부리가 승리했다. 아윳타야를 건설한 초대왕인 라마티버디 1세สมเด็จพระรามาธิบดีที่ 1는 1369년에 사망하고 왕위는 왕자인 라메쑤언สมเด็จพระราเมศวร에 의해서 계승됐다. 그러나 그 어머니 쪽의 숙부에 해당하는 쑤판부리의 왕은 라메쑤언을 롭부리로 축출한 후 왕위에 오르게 되었는데 그가

캄보디아

버롬라차 1세สมเด็จพระบรมราชาธิราชที่1이다. 그의 사후에 롭부리로 쫓겨 갔던 라메쑤언이 돌아와서 왕위를 탈환했으나 다시 아웃타야의 왕권은 쑤판부리 왕가의 손에 넘어 갔다. 쑤판부리 왕가에 의한 지배는 비교적 안정되었으며 왕국의 영토는 확장되었다.

우선 동쪽으로는 캄보디아의 앙코르 왕국을 정복했다. 1432년에 아웃타야 군은 앙코르를 공략하여 다수의 포로를 잡아 개선했다. 일반적으로 그 시기의 앙코르로부터 데려온 캄보디아인 관료들의 행정경험이 아웃타야의 통치제도 정비에 기여했다. 이 전쟁으로 캄보디아는 과거부터 거주하던 톤레샵Tonle

말라카 해협

벵골만

40 | 태국문화의 즐거움

Sap 북부 해안의 왕도를 버리고 메콩강이 톤레삽과 합류하는 지역인 프놈펜 Phnom Penh 부근으로 왕도를 이주했다. 그 후 캄보디아는 아윳타야보다 규모가 작은 국가로 남아 프랑스의 식민지가 되었으며, 한때 영광을 누렸던 앙코르의 유적군은 19세기 말 프랑스에 의해 재발견될 때까지 역사의 무대에서 자취를 감췄다.

아윳타야는 북쪽에 있던 쑤코타이를 1438년에 완전히 병합했으며 쑤코타이의 동쪽 요충지인 핏싸누룩 พิษณุโลก에 군사령부를 설치하고 북방의 강국인 란나 왕국 수도 치앙마이이 남진에 대비했다. 15세기 후반에 띠록까랏 왕 พระเจ้าติโลกราช의 지배 하에 있던 치앙마이는 최전성기를 맞이하고 있었다. 아윳타야는 치앙마이를 공격하기도 했으나 병합하지는 못했으며 치앙마이가 공식적으로 태국 왕국의 일부가 된 것은 1892년의 일이었다.

아윳타야의 남쪽에는 말라카 Malacca

더웨 · 머르귀 · 떠닝다이 지역

왕국이 있었다. 이 왕국은 15세기초에 중국으로부터 책봉을 받은 후 중국의 보호 하에 아웃타야의 위협에 대항해 나갔다.

아웃타야는 서쪽에 있던 벵골Bengal만 무역의 참여를 위한 루트를 개척하기 위해서 머르귀Mergue, 더웨Dawei 등 부근의 항구 확보에 노력했다. 머르귀는 1460년까지, 더웨는 1488년까지 아웃타야의 지배 하에 놓이게 되었다.

2. 인도화 된 왕국, 아웃타야

아웃타야 왕국은 힌두원류의 크메르 문명과 브라마니즘Brahmanism의 영향을 강력히 받았던 인도화된 국가로서 왕은 신성神聖을 부여받은 신왕神王, เทวราชา 이었다. 신왕은 시바나 비슈누와 같은 신의 세속적 화신이었으며 왕실 브라만승의 숭배자였다. 또한 신왕은 생명의 주인พระเจ้าชีวิต, 왕국의 주인 พระเจ้าแผ่นดิน으로서 절대적 통치권을 행사한 절대군주였다. 아웃타야 왕국은 사실상 우주적 상징의 구조물로서 소우주이고 왕은 우주의 주인으로 여겨졌으며, 고대 인도철학에서 유래한 바와 같이 지배자의 기능은 우주적인 힘과 세속적인 활동을 조화시키는 것이었다. 또한 왕의 명령은 우주의 축과 같은 것이었고 왕은 신과 같은 경외의 대상이었기 때문에 어떤 누구도 왕 앞에서 감히 얼굴을 들지 못했다. 왕권에 신성을 부여하는 전통으로 왕의 호칭 또한 힌두교신의 이름인 프라 나라이พระนารายณ์ · 프라 라마티버디พระรามาธิบดี 등으로 불렸으며, 왕이 사용하는 언어 · 생활양식 · 의상 · 풍습 등도 보통 사람과 구별되었다.

3. 싹디나 제도와 신분사회

아윳타야 왕국은 철저한 신분사회였으며 그 기반은 뜨라이록까낫 왕 สมเด็จพระบรมไตรโลกนาถ 때 정비한 싹디나ศักดินา, 位階田제도에서 찾을 수 있다. 뜨라이록까낫 왕은 1448년에 즉위하여 1488년까지 무려 41년간이나 재위했던 인물이며, 아윳타야에 중앙집권적인 통치 제도를 도입했던 최초의 왕으로 알려지고 있다.

전통 태국사회는 싹디나 제도에 의해 위계적 신분 질서가 잘 정비되어 있었던 신분제 사회였다. 싹디나에 관한 법에 따라 사회 각 구성원은 지배계급인 왕족짜오화(เจ้าฟ้า), 프라옹짜오(พระองค์เจ้า), 멈짜오(หม่อมเจ้า), 멈라차웡(หม่อมราชวงศ์), 멈루엉(หม่อมหลวง), 관료짜오프라야(เจ้าพระยา), 프라야(พระยา), 프라(พระ), 루엉(หลวง), 쿤(ขุน), 믄(หมื่น), 판(พัน), 타나이(ทนาย)와 피지배 계급인 프라이ไพร่, 노예 등으로 분류되고 이들에게는 계급에 따라 토지가 분배되고 사회적 책임과 의무가 부과되었다. 또한 이 제도에 의하면 왕은 왕국의 주인으로서 자신만이 토지소유권을 갖는데, 백성들에게는 일정 기간만 토지를 분배했으며 분배된 토지는 세습되지 않고 언제라도 다시 회수할 수 있었다. 따라서 왕은 고대 태국사회의 가장 중요한 생산 요소인 토지를 통제함으로써 왕권을 강화할 수 있었고, 왕을 정점으로 하는 계서사회질서를 확립할 수 있었다.

싹디나 제도는 토지를 분배할 때 이에 상응하는 규모의 프라이 평민까지 분배하는 제도였다. 즉 이 제도는 지배계급이 왕권을 대신하여 아윳타야 사회의 주요 인적자원이며 생산 수단인 프라이를 효율적으로 통제할 수 있도록 한 제도다. 프라이는 토지 경작 · 왕궁 · 사원 · 도로 · 운하의 건설, 세금 납부 및 전쟁 시에 국토방위의 의무를 가졌다. 프라이는 지배계급에 예속되어 법적 지위를 갖지 못했으며 오직 자신의 주인을 통해서만 법적 보호를 받을 수 있고 강제 노역의 의무를 부여받을 수 있었기 때문에, 프라이의 수는 지배계급의 부와 권력을 보장하는 정치적·경제적 프리미엄이 되었다.

따라서 아윳타야 사회는 프라이를 많이 소유한 왕족, 귀족·관료 계급이 군 장교가 되고 여러 개의 군부대가 할거하는 것과 같은 형상을 띠게 되었다. 또한 지배계급 내에서는 프라이를 많이 확보하려는 계급투쟁이 야기되어 왕권 중심의 중앙집권식 권력체제는 약화되었다.

4. 무역 왕국, 아윳타야

아윳타야 왕국 건립 초기인 1368년 중국에는 명나라가 발흥하고 있었다. 교역의 이익을 추구했던 동남아 제국은 중국에 조공선을 파견했다. 조공이라는 것은 명나라 황제에게 신하의 예를 표하는 정치적 행위로 볼 수 있으나 그 실상은 관세감면 등의 특권을 부여 받는 관허무역官許貿易이었다.

조공무역을 통해 아윳타야가 얻을 수 있었던 경제적 이익은 막대한 것이었다. 아윳타야가 명나라에 보냈던 조공선의 파견 횟수는 대명회전大明會典에 정해진 3년에 한 번씩의 조공 3年 1貢 횟수를 훨씬 초과했다. 이는 무역활동이 왕성했던 시기에 더욱 잦아졌는데 왕조초기인 14세기 말과 15세기 초까지 평균 1년에 2~3차례나 파견하기도 했다. 17세기 중반 이후 나라이 왕 때는 평균 2년 남짓 기간에 한 번씩 파견해서 청나라 강희제康熙帝로부터 3년 1공의 원칙을 지키라는 경고를 받기도 했다.

아윳타야는 일본과의 무역도 활발히 추진했다. 15세기 초

일본의 히라도

부터 16세기 말경까지 아윳타야에 파견된 류큐선琉球船의 수는 2위인 말라카보다 4배 이상으로 많았다는 기록이 있다. 류큐는 아윳타야에서 후추, 소목蘇木 등을 구입해서 중국에 100배 이상의 값으로 판매했다고 한다. 17세기 초 한때는 아윳타야와 일본과의 무역이 중국을 앞지르기도 했다. 에까톳싸롯 왕 때1605~1610 일본의 히라도Hirado와 태국의 빳따니 항구는 활발한 무역활동으로 형제 항구도시라고 불리기도 했으며 쏭탐 왕 때 1611~1628 양국 간 무역은 전례 없이 발전하게 되었다.

항구 국가인 아윳타야는 조달 가능한 상품의 종류가 풍부했다. 아윳타야는 머르귀 등 벵골만에 접한 외항을 갖고 있었기 때문에 소목, 사슴 가죽 등 양질의 자국 상품뿐 아니라 동

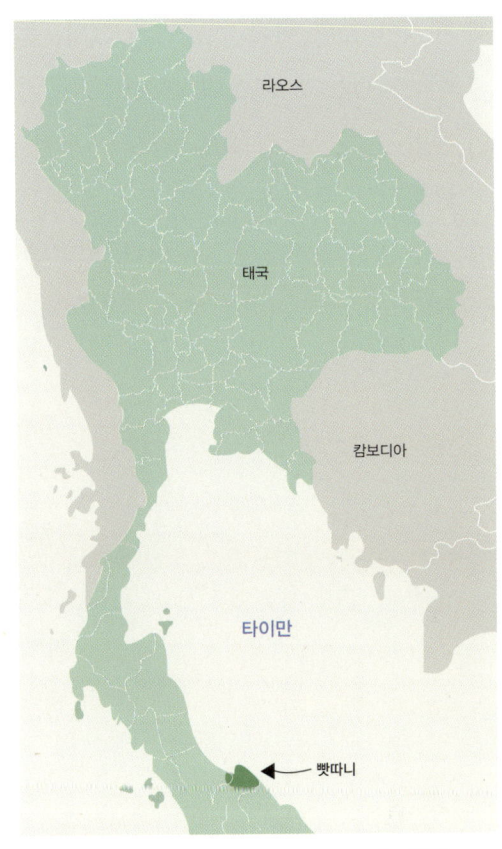

태국의 빳따니

아윳타야의 범선

태국의 역사속으로 | 45

서 세계 물품의 집산지 역할을 했다. 무엇보다도 아웃타야가 갖고 있었던 경제적 매력은 풍부한 쌀 생산이었다. 말레이 반도나 자바섬 등 쌀의 자급이 곤란한 주변 국가에게 아웃타야로부터의 쌀 수입은 필수적인 것이었다.

활발한 교역을 통해 아웃타야는 부를 축적했다. 특히 교역의 여러 분야에 정부가 개입하게 됨으로써 교역의 발전은 왕고王庫를 부유하게 만들었다. 아웃타야의 대다수 수출품은 쑤어이ส่วย라고 불리는 현물로 납세하는 조세로서 왕국의 각지로부터 징발한 상품들이다. 왕실은 교역의 독점에 의해서 얻은 이윤을 근대 병기의 구입이나 용병의 고용에 사용했다. 이렇게 하여 강화된 아웃타야 왕국의 군사력은 영역을 확대하고 지배를 강화하기 위한 각지의 파병을 가능케 했으며 중앙집권적 정치권력의 구축에 크게 기여하게 되었다.

5. 제1차 아웃타야의 몰락

아웃타야 왕국은 버마와 모두 24회의 전쟁을 치렀으며 버마군의 공격에 의해서 두 차례나 수도가 함락되었다.

13세기 말 원의 침략으로 버강Pagan 왕조1044~1287가 붕괴된 후의 전국 상황을 살펴보면, 북부 버마에는 샨족의 여러 므엉เมือง, 도시이 있었으며 남부 버마에는 벵골

버마

만 교역을 행하고 있었던 아윳타야의 라이벌인 먼 족의 버고~Pegu~ 왕국이 자리 잡고 있었다. 샨 족 여러 므엉의 동쪽에는 란나 왕국이 있었으며 버고와 샨 족으로부터 등거리를 유지하고 있었던 따웅우~Toungoo~에는 버마 족이 세력을 축적하면서 다시 전국 제패의 기회를 노리고 있었다.

 1530년대에 들어서 버마의 왕 더빙쉐디~Tabingshwehti, 1531~1551~는 남쪽의 버고를 공격하여 풍부한 부와 인력을 확보했다. 1550년대에는 그의 사위이며 왕위를 계승한 먼 족 출신 바잉나웅~Bayingnaung, 1551~1581~이 샨 지방의 여러 므엉을 차례로 공략하고 1558년에는 치앙마이를 지배 하에 두었다. 이후 항구도시 버고를 중심으로 교역의 이윤을 독점했던 바잉나웅 왕 치하 따웅우 왕조의 버마는 강력한 포르투갈 포병을 용병으로 삼아 1564년과 1569년 두 차례 아윳타야를 공격하여 함락시켰다.

6. 아윳타야의 독립회복과 외국과의 교류

 아윳타야의 독립은 버마군에 의해 왕위에 오르게 된 마하탐마라차티랏~สมเด็จพระมหาธรรมราชาธิราช~의 아들인 나레쑤언~สมเด็จพระนเรศวรมหาราช~에 의해서 이루어졌다. 나레쑤언은 인질로 7년이나 버마에 잡혀 있다가 1571년에 귀국한 이래 캄보디아와의 전쟁을 통하여 군사적인 재능을 발휘하던 중 1590년 왕위에 올랐다. 왕위에 오른 후 버마군을 쫓아내고 캄보디아를 제압했으며 벵골만 연안의 떠닝다이 지역~Tanintharyi, Tenasserium~의 여러 항구를 탈환했을 뿐 아니라 란나 왕국을 그 지배 하에 두고 영토를 급속히 확대시켜 나갔다. 1605년에 왕위에 오른 에까톳싸롯 왕~สมเด็จพระเอกาทศรถ~에 이르러 아윳타야는 영토의 확장과 전쟁 포로 등으로 인구가 급증했으며 그 후 1세기 동안 눈부신 발전을 이루었다.

아윳타야는 무역왕국이라는 명성에 걸맞게 외국과 활발한 관계를 맺었다. 1511년 말라카에 진출한 포르투갈은 말라카의 종주국이며 수입쌀의 공급지인 아윳타야에 세 차례 사절단을 파견해 수호조약을 체결할 것을 요청했으며, 대포 등의 근대 화기와 용병을 제공하고 거주권과 포교권을 얻어냈다.

아윳타야에는 16세기 말 이후 일본으로부터 탄압을 피해 도망 온 기독교도, 낭인, 무사 등을 중심으로 하는 일본인 거주지가 있었다. 1604년 도쿠가와 이에야쓰德川家康 막부의 무역 허가증朱印狀 교부에 의한 관허무역이 개시되자, 사슴 가죽·소목 등을 수입하기 위한 일본의 다이묘大名,영주·상인 등의 관심이 집중되었다.

아윳타야에는 다수의 중국인들이 거주했다. 조공무역 체제하에서 대 중국 무역의 실무에는 한문 문서를 이해하는 중국인의 존재가 필수적이었다. 관료로서 아윳타야의 왕에게 봉사하는 자, 수출입 무역에 종사하는 자, 수도에서 상점을 경영하는 자 등 수많은 거주 중국인들이 있었다.

나라이 왕과 프랑스 사신

17세기 아윳타야 사회를 지배하고 있었던 것은 일반적으로 정치보다는 경제적 관심이었다고 볼 수 있다. 포르투갈이 아윳타야의 벵골만 상권을 방해하고 있다고 판단한 쏭탐 왕สมเด็จพระเจ้าทรงธรรม은 홀란드와 함께 머르귀의 요새를 강화하고 포르투갈에 대항했다. 1612년 아웃타야에 들어온 홀란드 동인도회사는 일본의 쇄국 후에도 당선唐船과 함께 대일 교역을 허가받아 태국산 사슴가죽을 사들여 나가사키長崎에 수출해 커다란 이익을 남기고 있었다. 1660년대에 들어서 홀란드에 이어 영국, 덴마크, 프랑스의 동인도 회사뿐 아니라 개인 무역상인들까지 야웃타야와의 무역에 경쟁적으로 뛰어들었다.

1656년에 즉위한 나라이 왕สมเด็จพระนารายณ์มหาราช 시대는 아웃타야의 국제화가 정점에 달한 시기였다고 볼 수 있다. 나라이 왕은 사산조 페르시아, 인도의 골콘다Golkonda 왕국, 청나라 등의 아시아 제국 외에 프랑스의 루이 14세에게까지 사절단을 파견했다. 나라이 왕의 중신 가운데는 반세기 전에 아웃타야에 이주한 이래 역대 태국왕에게 봉사한 페르시아인의 후예도 있었다. 이러한 국제적 색채가 풍부한 분위기 속에서 나라이 왕의 특별한 총애를 받는 외국인이 있었다. 그는 영국 동인도회사의 하급 직원으로서 태국에 건너와 아웃타야 궁정에서 고위 관직왕의 고문을 지낸 그리스인 훨컨Constantine Paulkon이었다. 훨컨은 태국의 기독교화를 목표로 한 프랑스와 아웃타야의 관계를 강화하는 데 협조하면서 그 지위를 확고히 했다. 그러나 1688년 나라이 왕이 병상에 눕게 되고 그의 통치방식에 반발했던 펫라차สมเด็จพระเพทราชา가 쿠데타를 일으킨 후 훨컨은 처형되고 말았다. 쿠데타의 주요한 이유는 기독교 등에 귀의했던 이교도 세력들을 제거하고 아웃타야의 유구한 불교전통을 수호하고자 했던 보수세력의 위기감 때문으로 볼 수 있다.

7. 아윳타야의 멸망과 톤부리 왕국의 건립

　1688년 시작된 아윳타야 왕조 최후의 왕계펫라차 왕의 출신지에 따라 반프루루엉 왕계라고 부름 80년 동안은 왕권쟁탈전이 치열하여 정치적으로 불안정했다. 특히 왕조 말기에는 프라 크랑พระคลัง이라고 불리는 외국 무역 담당 관직을 놓고 화인계와 페르샤인계 사이에 권력투쟁이 격화되었다.

　반프루루엉 왕계의 황금시기는 버롬마꼿 왕สมเด็จพระเจ้าอยู่หัวบรมโกศ이 통치했던 25년간이었다. 버롬마꼿 왕은 불교 진흥에 큰 관심을 가진 왕이었다. 그는 1751년 스리랑카로부터 쇠퇴한 불교의 계율을 부흥시키기 위하여 아윳타야 고승을 파견해 달라는 요청을 받게 되었다. 스리랑카는 원래 태국에 상좌부불교를 전파해 준 종주국이었지만 16세기 이래 포르투갈, 홀란드 같은 기독교 국가에 의해 식민지화 된 이래 불교계율의 전통이 단절되어 있었다. 스리랑카의 요청을 받아들인 버롬마꼿 왕은 18명의 승려로 구성된 사절단을 파견해 상좌부불교의 계율 전통을 부활시켜주었다. 이 당시 아윳타야 사절단들이 중심이 되어 만들어진 종파는 오늘날 스리랑카 최대의 종파인 싸얌 니까이สยามนิกาย로 발전했다.

　1750년대에 들어서 서쪽의 버마에는 분열되어 있던 전 영토를 무력으로 재통일한 얼라웅퍼야AlaungPaya, 1752~1760가 즉위했다. 그는 1760년까지 목뜨마Mottama, Martaban 만과 떠닝다이 지역에 위치한 제 항구도시로부터 타이만 쪽의 펫차부리·랏차부리를 거쳐 아윳타야까지 영토를 확대했으며, 싱뷰싱 왕Hsinbyushin 1736~1776 때인 1767년에는 버마군 3

딱씬 왕

만 명이 아웃타야 성을 공격하여 함락시켜 버렸다.

아웃타야가 멸망할 당시 국내에는 4개의 세력이 대립하고 있었다. 동북부 태국의 피마이를 중심으로 활동한 집단, 북부 태국 웃따라딧 동쪽의 싸왕부리를 근거지로 한 승병 집단, 중부 태국의 요충지인 핏싸누록과 남부 태국 나컨씨탐마랏을 근거지로 삼았던 집단 등이었다. 이들 중 누구도 전국을 통일하지 못하고 있는 상황에서 나타난 인물이 딱ตาก성의 성주인 딱씬ตากสินの이었다. 그는 탁월한 군사적 재능을 발휘하여 여타 세력들을 통일한 후 버마군을 몰아냈다.

그 후 딱씬은 폐허화된 아웃타야를 버리고 짜오프라야 강을 남하해 톤부리ธนบุรี를 수도로 삼아 톤부리 왕국을 건립하였으며 말레이 반도, 라오스, 캄보디아까지 세력권에 두었다. 하지만 버마와의 계속된 전쟁으로 인한 스트레스로 말년에는 비정상적인 종교 활동에 심취하게 되었다. 그는 자신을 득도의 경지에 이른 성자라고 선언하게 되었으며 승가僧伽를 탄압함으로써 승가와의 관계가 극도로 악화되었다. 상좌부불교 국가인 태국의 왕은 전통적으로 승가를 보호하고 후원함으로써 정당성을 인정받았으나 딱씬은 이를 무시했다. 이 때문에 정치사회적 혼란이 가중되던 중 쿠데타가 발생하여 톤부리 왕국은 딱씬 1대만에 망하고, 그의 수하 장수였던 짝끄리จักรี가 1782년 랏따나꼬씬 왕국อาณาจักรรัตนโกสินทร์을 개국하게 되었다.

랏따나꼬씬 왕국 อาณาจักรรัตนโกสินทร์, 1782년~현재

1. 초기 랏따나꼬씬 왕국

랏따나꼬씬 왕국의 시조가 되는 짝끄리Rama 1세는 자신의 권력기반을 아웃타야 전통의 부흥에 두었다. 그는 고대로부터 내려온 궁정 의식의 부활, 인도의 불교도 왕들이 전통으로 삼았던 경율결집經律結集의 지원, 꼿마이 뜨라쌈두엉กฎหมายตราสามดวง, 三印法典의 편찬 등 정치·사회·문화 각 방면에 있어서 아웃타야 전통의 부흥을 표방하는 사업에 착수했다. 새로운 수도의 성벽을 구축하는 재료의 일부로 아웃다야의 폐허로부터 갖고 온 벽돌을 사용하고 그 양식도 아웃타야 왕궁의 것을 따랐다는 연대기의 기술은, 아웃타야 고도의 재건을 명시적인 형태로 백성들에게 보여주기 위함이었을 것이다.

그는 자신이 처형한 딱씬의 유해를 정중하게 다비의식을 치러 주고, 장례에는 왕실가족과 함께 참석하여 예를 올렸다. 이것은 그가 아웃타야 왕통의 정통계승자로서 불법에 의한 자비를 갖추고 통치를 행하는 탐마라차

랏따나꼬씬 왕국

ธรรมราชา, 불법에 따라 통치하는 왕라는 사실을 백성들에게 인식시키기 위한 연출로 볼 수 있다. 라마 1세의 지배 정당성은 1785년 버마의 왕 보도퍼야Bodawpaya, 1782~1819가 파견한 10만 대군의 공격을 직접 선두에 서서 격퇴시킴으로써 더욱 강화되었다.

랏따나꼬씬 왕조는 19세기 말까지 그 기초를 확고히 하게 되었으며 아웃타야 왕조보다 오히려 확대된 영토를 보유한 동남아의 대국이 되었다. 1809년 라마 1세가 죽자 왕위는 그의 아들인 2세에게 승계됨으로써 왕조의 안정성을 내외에 과시했다. 그러나 라마 2세 하의 태국을 둘러 싼 동남아 정세는 급박하게 돌아가고 있었다. 1819년 영국은 싱가포르를 점령하고 아시아 진출의 거점을 구축하기 시작했으며 1821년 인도 총독 크로포드John Crawfold를 사절로 삼아 방콕에 파견하여 통상 관계를 수립하고자 했으나 실패했다. 태국은 점차 다른 아시아 국가들과 같이 서구열강의 식민지 지배의 위협에 놓이게 되었다.

2. 근대화

1824년 라마 2세가 죽자 그의 후계자는 2세의 정실왕비 소생이며 사원에 머물고 있었던 몽꿋มงกุฎ 왕자가 될 것으로 예상되었다. 그러나 왕족과 중신회의에서는 당시의 긴박한 국제정세에

라마 1세

라마 2세

라마 3세

따라 정치적으로 미숙한 몽꿋을 선택하지 않고 풍부한 행정경험을 갖춘, 후궁의 자식이지만 최연장자가 되는 몽꿋의 이복형을 3세 왕으로 삼았다. 몽꿋은 그 후 사원에 남아있으면서 27년간 승려 생활을 했다.

라마 3세 즉위 시 영국은 버마와 제1차 전쟁을 개시했다. 그 전쟁은 1826년 영국의 승리로 끝나 태국의 서쪽에 있었던 숙적 버마의 위협은 사라졌지만, 대신에 영국의 위협이 현실화되었다. 같은 해 영국은 버니Henry Burney를 인도 총독의 사절로 방콕에 파견해 태국과의 우호조약을 체결하는데 성공했는데, 조약의 체결을 계기로 방콕에는 서양 상인이나 선교사 등의 수가 증가했다.

태국의 전통문화는 기독교 전파로 인해 커다란 도전을 받게 되었다. 1828년부터 시작된 선교활동은 1830년대에 이르러 미국 선교사의 조직적 파견과 함께 본격화되기 시작했다. 이러한 상황에서 왕위 계승의 자격을 갖춘 왕족의 몸으로 사원에 남아있었던 몽꿋이 선교사들과의 교우를 통해 적극적으로 신지식을 익히고 대권 준비를 할 수 있었다는 사실은 태국에게는 커다란 행운이 되었다.

1851년 라마 3세가 죽자 몽꿋은 오랜 사원 생활

에 종지부를 찍고 즉위했지만, 즉위 직후부터 영국의 개방요구에 직면해 1855년 홍콩 총독 바우링John Bowring과 양국 간 불평등한 통상조약을 체결할 수밖에 없었다. 태국은 이후 미국, 프랑스 등과도 유사한 내용의 조약을 체결했다. 전통적으로 국왕을 중심으로 한 왕실이 무역을 독점하고 있었던 태국은 조약의 체결로 국제법을 준수하게 됨으로써 필연적으로 국내제도의 근본적 개혁을 단행해야 했다. 구 제도 하의 왕족, 귀족 등은 오랫동안 향유했던 기득권을 포기해야 하는 실로 엄청난 사회적 변화가 예고되었다. 하지만 서양국가들과의 조약체결로 식민지 지배라는 최악의 상황을 피하고 정치적 독립을 유지할 수 있었던 것은 다행스런 일이 아닐 수 없었다.

1868년 몽꿋이 죽자 당시 15세였던 몽꿋의 큰아들 쭐라롱껀จฬาลงกรณ์이 왕위에 올랐다. 그는 성인이 될 때까지 5년간은 국정을 섭정ศรีสุริยวงศ์에게 맡기고 싱가포르, 화란령 인도네시아, 영령 인도를 방문하면서 서구식민 통치의 실태를 직접 파악하였는데, 이 일은 태국 근대화에 중요한 영향을 미치게 되었다.

1873년 성인의 나이에 달한 라마 5세 쭐라롱껀 왕은 대관식을 가진 후 국정의 전권을 장악했음을 내외에 알리고 추밀원樞密院, สภาที่ปรึกษาในพระองค์·국무원國務院, สภาที่ปรึกษาราชการแผ่นดิน의 창설, 세입 제도의 개혁 등 통치 제도의 개혁에 착수했으나 기득권의 상실을 염려하는 구 관료층의 강력한 저항에 부딪쳐 정치적 위기를 맞았다. 라마 5세는 급격한 개혁이 불러올 위험을 간파하고 그의 동생들에게 근

라마 4세

라마 5세

라마 6세

라마 7세

대식 교육을 받도록 해 장래의 인재확보에 대비하는 한편 정치권의 자연적 세대교체를 기다렸다. 그 후 구 기득권층들이 사망이나 노령화로 실권을 잃게 되자 1892년부터 소위 짝끄리จักรี 대개혁으로 일컫는 근대화 작업을 본격적으로 추진하게 되었다.

서와 남으로부터는 영국, 동으로부터는 프랑스 식민지 세력의 위협으로부터 위기감을 느낀 라마 5세는 태국의 주권을 지키는 최선의 수단은 유연한 외교정책과 외국의 간섭을 허락하지 않는 정비된 국내 통치제도의 확립이라고 판단했다.

라마 5세는 그의 동생 담롱ดำรงราชานุภาพ 을 내무장관에 임명하여 우선적으로 국내 행정기구의 정비를 단행했다. 이를 통해 영토 전역에 대해 강력한 중앙집권적 통제를 하면서 태국의 조공국이었던 라오스, 캄보디아 등에 대한 지배권을 둘러싸고 프랑스와 긴장 관계가 발생했다. 1893년 프랑스 함대가 짜오프라야 강을 봉쇄하는 사건이 발생하자, 태국은 메콩강 동쪽의 라오스 영토를 프랑스에 할양해야 했다. 1907년에는 프랑스에게 캄보디아의 벗덤벙Battambang · 씨엄리업시엠립, Siem Reap · 쎄러이 싸오포언Sisophon을, 1909년에는 영국에게 말레이 반도 북부의 끄다Kedah · 뻐르리스Perlis · 끌란딴Klantan · 뜨랭

가누Trengganu를 할양했다. 하지만 유연한 영토할양정책을 통하여 서구 열강의 직접적인 식민지 지배 위협을 극복할 수 있었다.

태국이 식민지 지배의 위협을 극복할 수 있었던 주요한 이유 중 한 가지는 태국을 완충지대로 두자는 내용의 합의가 이루어진 1896년의 영·불 양국 간의 조약 때문이다. 그러나 이 조약의 중요성을 인식하더라도 만약 외교적 대응을 잘 하지 못하고 국내의 중앙집권적 행정제도의 확립에 실패했다면 영불의 간섭을 초래하고 식민지가 될 수도 있었다는 사실에 주목할 필요가 있다.

라마 5세는 중앙집권적 행정제도 정비, 지방행정제도 정비, 교육 근대화, 근대적 법률체제 확립, 재판제도 정비, 근대적 군 창설, 재정제도 확립 등 이루 헤아릴 수 없는 근대화 작업을 성공시켰다. 이러한 업적으로 라마 5세는 후일 대왕으로 불리게 되었으며 오늘날까지도 태국 전역에 그의 사진을 걸어 놓고 존경하고 있는 모습을 볼 수 있다.

3. 절대군주제의 종말과 입헌군주제의 도입

라마 5세가 죽은 후 그의 장자인 와치라웃วชิราวุธ이 왕위에 올랐다. 와치라웃은 영국 육군사관학교Sandhurst Military Academy와 옥스포드 대학에서 공부해 태국 최초로 해외유학을 경험한 국왕이 되었다. 라마 6세 와치라웃 왕의 업적 중 주목할 것은 1914년 제1차 세계대전 발발 시 처음에는 중립을 유지했지만 결국은 미국의 요청을 받아들여 연합국으로 참전한 사실이다. 연합국 참전은 태국을 근대국가의 일원으로 세계에 널리 인식시킨 중요한 계기가 되었다. 제1차 세계대전 종전과 더불어 승전국으로서 강화회의에 참석

피분 쏭크람

했던 태국은 과거에 서구열강과 체결했던 불평등조약의 개정교섭을 벌여 치외법권의 철폐, 관세 자주권 획득 등의 큰 외교적 성과를 거두었다. 하지만 문인으로서 유명했던 와치라웃은 말년에 방탕한 생활로 국가 재정의 위기를 초래했다.

1925년 왕위에 올랐던 라마 7세 쁘라차티뽁ประชาธิปก은 절대군주제 하에서 마지막 왕이 되는 비극적인 인물이었다. 그는 그의 형이 남겨 놓았던 방만한 재정적자를 타개하기 위해 정부지출을 감축하고 새로운 세제를 도입했으나 1929년에 발생한 세계 대공황으로 재정 재건에 큰 어려움을 겪었다. 특히 정부지출 감축에 따른 관료들의 불만은 절대왕정에 대한 비판으로 이어져 유럽에서 유학한 경험이 있는 군과 민간 소장관료 중심으로 구성된 인민당의 쿠데타인, 이른바 1932년 입헌혁명을 촉발시켜 절대왕정은 종언을 고하게 되었다.

1932년 입헌혁명으로 절대군주제를 붕괴시키고 정권을 장악한 인민당 คณะราษฎร은 자신들의 지배 메커니즘을 유지하면서 왕권에 대신하는 정당성의 원리로서 민주주의를 표방했으나, 이들의 통치는 주로 군부·관료들의 권력층 내부에서 지배권력을 위임하는 관료주의 정체를 특징으로 하였다. 또한 그 후 적어도 1980년대 이전까지 태국의 관료주의 정체는 군이 주도하는 집정주의적 정치체제로 특징 지워졌다.

한편 입헌혁명 후 발생한 제2차 세계대전 때 피분จอมพลแปลก พิบูลสงคราม 군사정권은 랏타니욤รัฐนิยม, 국가지상주의 정책을 표방하고 민족주의를 주창하면서 미국과 영국에 선전포고를 하는 한편 일본과 공수동맹을 체결해, 1941년에는 일본의 협조로 프랑스에게 빼앗겼던 캄보디아 일부 지역을 되돌려 받기도 했다. 반면에 주미 태국대사인 쎄니เสนีย์ ปราโมช는 태국의 대미선전포고가 일본의 강요에 의한 것임을 설득시키고 미국에서 반일투쟁인 자유타이 운동เสรีไทย, Free Thai Movement을 전개해, 2차 세계대전 후 태국은 패전국 취급을 받지 않고 미국의 도움으로 국제연합에 가입하는 행운을 얻었다. 이 같은 태국의 이중적이고 유연한 외교정책을 대나무 외교정책Bamboo Diplomacy이라고 부르기도 한다.

태국의 사회와 교육

3

개인주의와 권위주의

1. 개인주의와 느슨하게 구조화된 사회

미국의 사회학자인 엠브리John F. Embree는 태국문화에 관해서 다음과 같이 언급했다.

"서구 또는 일본이나 베트남인들이 느끼게 되는 태국문화의 첫번째 특징은 국민들의 개인주의적인 성향이다. 태국에 오래 거주할수록 규율의 부재를 느끼게 된다. 일본과는 대조적으로 질서정연함이 부족하며 미국과 비교하면 행정규치에 대한 존경심이 부족하고 시간관념이 부족하다."

엠브리는 결론적으로 태국사회를 느슨하게 구조화된 사회loosely structured social system라고 특징 지었다. 이러한 특징은 태국인의 개인주의적 성향과 관련되는 것이다. 태국인은 집단의식이 부족하며 사회적 의무와 책임의 한도 내에서, 사회에 큰 해를 끼치지 않는 범위 내에서, 개인적인 성향에 따라 활동하게 된다.

개인주의 성향은 두 가지의 중요한 사회적 요인에 의해서 형성되었다고 볼 수 있다. 첫째는 상좌부불교上座部佛敎이다. 태국인은 전통적으로 상좌부불교를 신봉하는데 교리의 핵심은 개인적인 업業의 축적에 따라 현생의 고통으로부터 구원을 받는다는 것이다. 궁극적으로 해탈에 이르기 위해 팔정도八正道를 준수함으로써 선업善業을 축적하는 일은 다른 사람에게 의존함이 없이 자신 개인에 의해서만 이루어질 수 있는 것이다. 이러한 종교적인 개념은 개인행동에 유연성을 부여하는 반면 사회적 의무감을 약화시키게 된다.

둘째는 풍부한 자연환경적 요인이다. 태국인은 역사적으로 풍요로운 생활을 영위해 누구에게 간섭을 당하거나 간섭할 필요가 없었다. 타이 족이 짜오프라야 강 계곡으로 이주하여 국가를 형성하게 되는 13세기 이래로, 그들은 인구와 비례하여 풍부한 천연자원을 이용할 수 있었고 경제적인 부를 만끽할 수 있었다. 이러한 사실을 객관적으로 증명해 주는 것은 쑤코타이 왕국 3대왕인 람캄행 대왕의 비문이다. 이 비문에는 다음과 같이 기록되어 있다.

"강에는 물고기가 있고 논에는 쌀이 있다. 땅의 영주들은 여행자에게 세금을 징수하지 않았다. 말을 팔고자 하는 자는 말을 팔았으며, 코끼리를 팔고자 하는 자는 코끼리를 팔았다. 은과 금을 팔고자 하는 자는 은과 금을 팔았다."

2. 권위주의와 신분제 사회

태국사회는 느슨하며 개인주의 성향이 강하게 나타나고 있는 반면에, 권위에 복종하고 신분의식이 강하게 나타나기도 한다. 이와 같이 반대 되는 성향은 아웃타야 왕조이래 형성된 것으로 볼 수 있다.

아웃타야 왕조는 불교적 색채가 강하게 나타났던 쑤코타이 왕조와 달리 브라만교의 영향을 크게 받았다. 쑤코타이 왕조때 도입된 불교는 고유의 윤리적 교리를 통하여 왕권에 정통성을 제공하게 되었으며 탐마라차ธรรมราชา 왕권을 만들어 냈다. 뒤를 이은 아웃타야 왕국은 캄보디아를 매개로 인도에서 유래한 브라만교의 영향을 받은 테와라차เทวราชา왕권을 도입했다.

아웃타야의 테와라차는 쏨못띠텝สมมติเทพ, 現人神, 世俗天으로 추앙되고 일반

백성과는 다른 존재로 인식되었다. 아웃타야는 당시 먼 족으로부터 유래한 프라 탐마쌋พระธรรมศาสตร์ 법전을 받아들였는데 이에 따르면 왕은 신과 같은 지위에 있으며 통치 권력은 왕 한 사람만의 것이고, 생명의 주인 · 영토의 주인으로서 절대적 통치권을 행사한 절대군주인 테와라차였다. 하지만 아웃타야 왕국의 절대군주들은 불교도로서 쑤코타이 왕국의 왕들과 같이 불교를 통치의 정통성을 강화하기 위한 수단으로 이용하게 되었으며, 브라만교의 영향력에도 불구하고 불교는 여전히 아웃타야 사회의 국교로서의 지위를 확보하고 있었다.

테와라차 왕권의 권위를 잘 보여주는 일례는 1450년 만들어진 왕실법에서 찾아 볼 수 있다.

"왕궁에서 말다툼을 하는 자들은 3일간 구속하고, 욕설을 퍼부으면 태장 50대에 처했다. 주먹다툼을 하거나 무기를 사용해 위해를 가하면 손톱을 벗기는 형을 가했으며, 분쟁의 원인을 조사해서 벌금을 부과했다."

"범죄를 저지른 왕자는 금이나 은의 족쇄를 채워 벨벳 부대에 싸서 태형에 처했다. 궁정에 호색적인 시를 소개한 자는 죽임을 당했으며, 왕궁의 문을 발로 걷어찬 자는 발을 잘랐다. 왕을 알현하는 자리에서 귓속말을 하는 자는 사형에 처하기도 했다."

이처럼 가혹한 왕실법은 신성한 테와라차 왕권을 강화하기 위한 전형적인 수단으로 사용되었으며 이런 전통은 태국인들로 하여금 절대 권위에 복종하게 만든 주요한 원인으로 작용한다.

전통 태국사회는 아웃타야 때 만들어진 싹디나 제도에 의해 위계적 신분 질서가 잘 정비되어 있었던 신분제 사회였다. 싹디나법에 따르면 사회

각 구성원은 지배계급인 왕족·귀족·관료와 피지배계급인 프라이·노예 등으로 분류되고, 이들에게는 계급에 따라 토지가 분배되었으며 사회적 책임과 의무가 각각 부과되었다. 싹디나의 수에 따라 왕에 대한 의무와 책임, 벌금, 형벌의 기준이 달랐다.

싹디나 제도를 통하여 태국사회는 소위 후견관계patron-client relationship의 인적 유대가 형성되었으며 이러한 관계는 근대 태국사회로 이어져 내려왔다. 즉 싹디나 체제하에서 왕권을 대신하여 프라이를 통제하게 되는 귀족·관료 등의 지배체제는 보다 많은 사람들을 피후견인으로 자신의 휘하에 둠으로써 정치적 영향력을 확보하고자 했다. 이러한 전통이 후견 관계를 만들어 냈으며, 근대 이후에도 관료 기구나 군대 조직 또는 정치 세계에서 그대로 재현되고 있다.

이 관계에서는 공식적인 지배규칙보다는 후견인과 피후견인 사이의 개인적이고 인격적인 유대가 중요하게 된다.

다양한 가치관의 태국인

국왕에 대한 존경심: 태국의 왕권 전통은 쑤코타이왕조 이래 오늘날까지 이어져 내려오고 있다. 1932년 입헌혁명으로 절대군주제가 입헌군주제로 바뀌었으나, 오늘날에도 국왕은 국가의 원수로서 국가와 사회 통합의 구심점 역할을 하며 국민들의 존경을 한 몸에 받고 있다.

권위: 태국인은 권위에 복종하는 습성이 강하다. 권위에 대한 복종은 주로 아윳타야시대 이래의 절대군주제와 싹디나 제도에 의한 계서사회의 전통에서 유래하고 있다.

연장자 우대: 권위에 복종하는 습성을 갖는 태국인들은 어려서부터 연장자를 존경하도록 교육받는다. 연장자 우대는 나이가 많은 사람에 대해서뿐 아니라 직장 내에서 오래 일한 사람, 판싸พรรษา,우기동안 3개월의 수행 기간가 긴 사람에게도 해당된다.

개인주의: 태국인들은 '자신이 좋아하는 것을 할 수 있는 사람이 진정한 태국인'이라는 말이 있을 정도로 개인주의적 성향이 강하며 규율이 부재하다. 그러면서도 이러한 개인주의적 태도가 권위를 갈등 없이 잘 수용해 권위 앞에 복종하고 예의를 갖추며 존경한다.

탐 분ทำบุญ: 불교 사회인 태국에서는 불교적 가치관을 중시해 선업선과善業善果 · 악업악과惡業惡果의 법칙을 믿고 있으며, 승려나 사원 또는 불우이웃에 대한 탐 분공덕쌓기 행위를 일상화하고 있다.

남 짜이น้ำใจ: 태국인은 남 짜이인정가 많다. 인정은 불교의 가르침인 자비로움과도 같은 것이다. 태국인들의 인정은 친구나 이방인들을 친절하게 대할 때 잘 나타난다.

마이 뻰 라이ไม่เป็นไร: 태국인들은 불행한 일을 당했을 때 체념이 빠르다. 마이 뻰 라이천만에요, 괜찮아요라는 말을 자주 사용하는 데 불교의 업의 교리에서 비롯된 것으로 볼 수 있다. 즉 현세의 행·불행이 모두 과거 선업과 악업의 소산이라는 믿음을 갖게 되기 때문이다.

짜이 옌ใจเย็น: 짜이 옌은 냉정함을 의미한다. 냉정함이란 어떤 일에 간섭하지 않고 성내지 않으며 자신의 감정을 억제함을 뜻한다. 냉정함을 갖고 불행한 일을 피하며 각 상황에서 즐거운 것을 취하기 때문에 태국인은 다른 사람들과 직접 충돌하는 것을 회피한다.

끄렝 짜이เกรงใจ: 태국인들은 다른 사람을 직접적으로 비난하거나 괴롭힘으로써 생겨나는 불필요한 갈등을 극력 회피하며, 이런 일을 하는 것은 사회적 조화를 깨뜨리는 위험한 일이며 무지하고 미성숙한 것으로 인식한다. 태국인들의 이러한 성격을 끄렝 짜이라고 한다.

쾀 싸눅ความสนุก: 태국인들은 쾀 싸눅즐기는 일을 좋아한다. 비록 많은 이익을 주는 일이라도 즐거움을 주지 않는 일이라면 하지 않는다고 한다. 태국인들은 오락행사를 즐기는데 풍부한 자연 환경에서 기인한 물질적, 정신적 풍요로움 때문이라고 볼 수 있다. 그러나 이러한 가치관은 일에 대한 진지성을 해치게 되는 경우도 있다.

도박: 태국인들은 사행심이 강하다. 복권, 경마, 화투, 트럼프, 중국식 도박을 즐긴다.

식도락: 태국인들은 먹기를 즐기며 먹거리 종류도 풍부하다. 팟 펫 얘 ผัดเผ็ดแย้, 도마뱀 튀긴 것, 튀긴 개구리, 소꼬리 수프, 돼지의 골로 만든 얌 만 싸멍 무 ย่ำมันสมองหมู 등을 먹기도 하며 강한 신맛, 짠맛, 단맛, 매운맛을 즐기고 생고기, 날 생선도 먹는다.

사치: 태국인들은 사치하거나 사회적 지위를 과시하는 경향이 강하다. 남성이나 여성이나 금빛이 번쩍이는 반지를 몇 개씩 끼고 목걸이를 하고 있는 모습을 쉽게 찾아볼 수 있다.

점성술: 태국인들은 운명에 대한 호기심이 강하다. 방콕의 길가나 백화점 등과 같은 곳에서 점성술을 보고 있는 사람들을 흔하게 발견할 수 있다.

유대감: 가족이나 친구사이의 유대감은 태국 사회에서 중요한 역할을 하게 된다. 태국어는 인간관계와 자기희생을 표시하는 표현이 풍부하다. 이런 관계는 특히 남성들 사이에서 나타나고 있다. 프언 따이 เพื่อนตาย 라는 말은 문자 그대로 죽을 때까지의 친구라는 의미이다. 한 친구가 어려움에 처했을 때 그의 친구는 자신에게 닥칠 어려움에도 불구하고 친구를 도와야 한다.

전통 의식

1. 독특한 통과의례

1) 출생의식

임신 중에는 다양한 금기사항이 있었다. 예를 들면 낚시 금지, 매운 음식·거짓말 금지, 병 문안·장례식 참석 금지 등이 있었는데 이는 모두 태아의 건강을 염려했기 때문이다.

출산 후에는 성장 단계에 따른 의식이 있다. 생후 1개월 후 탐 콴 드언 ทำขวัญเดือน 의식은 아기의 몸에 생령ขวัญ, 生靈 을 불러들여 악령으로부터 보호하고 건강을 기원하는 의식이다.

꼰 폼파이 โกนผมไฟ 의식은 태아때부터 갖고 있던 털을 깎아 내는 의식이다. 승려나 어른들이 어린아이의 이름을 지어 주는 깐땅 츠 덱 การตั้งชื่อเด็ก 의식도 있다. 또 태국인들은 정식 이름 외에도 꼽กบ, 개구리, 무หมู, 돼지, 누หนู, 쥐 등의 별명을 짓기도 하는 데 어린이들이 사람의 이름을 가지면 악령들의 주시를 받게 된다고 생각했기 때문이다.

11, 13세가 되면 소위 꼰 쭉 โกนจุก 의식을 치른다. 이 의식은 꼰 폼파이 의식을 치른 후 길러 두었던 머리를 깎는 의식이다. 머리를 길러 두는 이유는 아직까지 어린이라는 것이며, 머리를 깎음으로써 성장기에 접어든다는 것을 의미하게 된다. 보통 여자는 11세, 남자는 13세가 되면 이 의식을 치르게 된다.

재미있는 것은 꼰 쭉 의식을 11세나 13세 때 치르

> **TIP**
> 현재 태국인들이 가장 잘 사용하는 닉네임은?
> 남자의 경우는 Boy, 능หนึ่ง, 엑เอก, 차이ชาย, Joe, Bank, Ball, A, 뚜이ตุ้ย, Nick 등이다.
> 여자는 May, Ann, 까이ไก่, 눈นุ่น, 따이ต่าย, 꺼이ก้อย, 누이หนุ่ย, 잉หญิง, 화ฟ้า, 남น้ำ 등을 많이 사용한다.

꼰 폼파이 의식

게 되며 12세 때는 피한다는 사실이다. 12세를 기피하는 이유는 짝수를 불길한 숫자로 보는 브라만교의 믿음 때문이다.

2) **득도식** บวชนาค, อุปสมบท, 得度式

승려가 되기 위한 득도식은 두 가지 종류가 있는데 사미승이 되기 위한 득도식과 비구가 되기 위한 득도식이다. 사미승이 되기 위해서는 최소한 7살이 되어야 하고 비구가 되기 위해서는 성인의 나이인 20살이 되어야 하며 득도식은 대부분 우기동안 치러진다. 사원에서 우안거를 보낸 사람들을 툇

ทิด이라고 일컫는다. 팃은 수도 생활을 거침으로써 도덕적·인간적으로 성숙했다는 의미다. 그것은 사회적 인정을 받는 징표와 같은 것으로 청혼을 할 때 남성이 팃이 됐다는 것은 필수적인 경력이 된다.

3) 결혼식

과거의 결혼은 주로 중매에 의해서 이루어졌다. 남자의 부모는 공식적인 결혼식 이전에 중매인เฒ่าแก่을 여자 집에 보내 청혼한다. 여자의 부모가 승낙하면 여자 측에서는 혼수예물สินสอดทองหมั้น을 요구하며 이후에 약혼과 결혼이 이루어진다. 혼수예물은 음식물, 과자 등과 함께 칸이라는 용기에 담아서 갖고 가는데 이것을 칸 막ขันหมาก이라고 한다. 막은 나무이름인데 우정을 의미한다. 칸막은 우리 말로 함이라고 할 수 있다.

꼰 쭉 의식

득도식

택일은 짝수의 달2월과 8월은 피한다을 택하지만 홀수의 달 중에서도 9월은 허용이 된다. 그 이유는 9의 태국식 발음 까오เก้า가 발전의 의미를 갖는 까우나ก้าวหน้า의 앞 음절과 동음어이므로 9월에 결혼하면 발전한다고 믿기 때문이다.

결혼식

4) 장례식

태국의 대다수 상좌부 불교도들은 화장을 한다. 전통적으로 농촌에는 동네 밖 산림 속에 화장을 치르기 위해 마련한 광장 빠차ป่าช้า가 있으며, 그곳에서 죽은 사람들의 시신을 화장하게 된다. 화장 후의 유골은 광장에 묻는다. 태국 북부와 동북부에서는 지금도 빠차에서 화장하는 경우가 많다. 그러나 과거와 달리 중부와 남부는 사원 경내에 화장 시설을 갖추고 있으며 화장 후 유골을 납골탑에 안치해 둔다. 화장 시설은 사원 한 구석에 위치하며 높은 굴뚝이 솟아 있는 것이 보통이다. 납골탑 외에 사원의 경내를 둘러 싼 콘크리트 담에 유골을 넣어 두는 경우도 있다. 납골탑이나 콘크리트 담에 유골을 넣어 두는 경우 사진, 이름, 나이 등을 새겨 둔 표지판이 붙어있다.

죽고 나서 화장 때까지의 기간은 보통 사망 후 3~5일이지만 부유한 사람들의 경우는 수개월부터 반년, 길게는 1년 이상까지 시신을 안치해 두는 경우도 있는데 사회적 신분에 상응하는 화장을 거행하기 위해 준비기간을 오래 잡게 되는 것이다. 100일장을 예로 들면 시신을 일주일 정도 집에 안치 한 후 다시 사원에 두었다가 화장을 하게 된다.

장례식

장례의식은 3단계로 나뉜다. 첫째 단계는 시신에 물을 뭍히는 피티 롯남쏩พิธีรดน้ำศพ이 있다. 둘째 단계는 스님을 초청해서 독경을 듣는 것이다. 4명의 스님을 초청해서 3일, 5일, 7일 동안 독경을 듣는다. 이것을 쑤엇 아피탐สวดอภิธรรม이라고 한다. 방콕에서는 죽고난 지 7일만에 스님에게 음식을 대접하는 의식ทำบุญ 7 วัน이 있다. 이런 과정을 마친 후 일반적으로 100일이 되었을 때 세번째 단계로 화장을 한다. 화장을 한 후 가족들은 유골의 일부를 작은 유골함โกศ에 담아와 죽은 자를 회상하게 되며 화장한 재와 남은 유골은 강이나 바다에 띄우게 되는 데 이것을 러이 앙칸ลอย อังคาร 이라고 한다. 이후 가족들은 1년 내지 3년 동안 상복을 입는다.

2. 다채로운 종교의식

대부분의 태국인은 불교도이기 때문에 태국에는 불교 행사가 많다. 불교 행사는 태국식 음력으로 행해지기 때문에 해마다 그 날짜가 조금씩 바뀐다.

1) 완 마카 부차 วันมาฆบูชา, 萬佛節

태국식 음력 3월마카, มาฆะ 보름에 해당한다. 부처가 왕사성王舍城,Rajagrha, กรุงราชคฤห์의 숙림성사에 있을 때 1,250명의 제자에게 계율을 설법하고 3개월 후 보름에 입적할 것을 예언한 날이다.

2) 완 위싸카 부차 วันวิสาขบูชา, 釋迦誕辰日

태국식 음력 6월위싸카, วิสาขะ 보름에 해당한다. 석가의 탄신과 성도, 열반 세 가지를 축원하는 날로 태국 불교의 가장 중요한 날이 되고 있다.

3) 완 아싼하 부차 วันอาสาฬหบูชา, 三寶節, 初轉法輪日

태국식 음력 8월아싼하, อาสาฬหะ 보름에 해당한다. 석가가 깨달음을 얻어 5

인의 제자에게 초전법륜初轉法輪을 설파한 날이며 불佛·법法·승僧 삼보三寶의 성립을 축원하는 날이기도 하다. 사원에 양초를 진상하고 각 촌락에 국왕이 보낸 왕실 양초가 전달된다. 특히 동북부 나컨랏차씨마의 양초축제는 성대하고 유명하다.

4) 완 카오 판싸วันเข้าพรรษา, 入安居, 雨安居

삼보절 다음날에 해당한다. 판싸พรรษา는 빨리어로 우기를 뜻한다. 승려는 이 기간 중 3개월 동안 사원에 머물면서 수행하며 외출이 금지된다. 우기 중에는 홍수가 발생해 탁발ตักบาตร, 托鉢을 하게 되면 농민들에게 불편을 끼치기 때문에 승려늘은 한 장소에 모여서 수행 성신하게 된다. 판싸를 거치는 일은 승려들의 경력과 직결된다. 이 날 재가 신도들은 사원에 직접 가서 음식물 등을 공양한다. 완 카오 판싸 때는 단기출가자短期出家者들이 급증하고 각지에서 득도식이 행해진다.

완 카오 판싸

5) 완 억 판싸วันออกพรรษา, 出安居

태국식 음력 11월 보름이며 우기가 끝나는 날이다. 우기가 끝나면 바로 승려들에게 음식물을 공양하는 의식이 치러지는데 이 의식을

텃 까틴

중부 지방에서는 딱밧 테워ตักบาตรเทโว, 남부 지방에서는 작 프라ชักพระ라고 부른다.

   완 억 판싸 날에는 우기 동안 승려들의 성공적 수행을 축하하기 위하여 신도들이 사원에 가서 가사袈裟를 진상한다. 이러한 행위를 텃 까틴ทอดกฐิน 이라고 하는데 완 억 판싸가 끝나고 나서 한 달 간이나 계속된다. 텃 까틴을 하기 위해 신도들은 버스나 트럭을 타고 종이나 큰북을 치면서 사원으로 향한다.

3. 이색 축제

1) 쏭끄란 축제 วันสงกรานต์

4월 13일부터 15일까지 3일간 계속되는 태국식 설날 축제다. 쏭끄란은 태양자리의 이동การเคลื่อนย้าย을 의미한다. 첫 날인 13일은 완 마하쏭끄란วันมหาสงกรานต์이라고 하며, 둘째 날은 완 나오วันเนา, 캄보디아어로 머물다는 의미라고 하고, 마지막 날을 새 해가 시작되는 완 탈르엉쏙วันเถลิงศกั이라고 한다.

쏭끄란은 1941년 태국에 신정이 도입될 때까지는 태국인의 유일한 설이었다. 물의 축제라고도 불리는 쏭끄란은 상대방을 축복해 주는 의미에서 서로 물을 뿌려주는 전통이 있다. 또 연장자들의 손에 물을 묻혀주면서 รดน้ำดำหัว축복을 하고, 불상을 목욕시키는 의식การสรงน้ำพระ도 있으며, 얼굴에 흰 칠을 하기도 한다. 석회석으로 만든 흰 물질ดินสอพอง은 액운을 막아준다는 의미를 갖는데 옛날에는 얼굴을 시원하게 하기 위해서 이것을 바르기도 했다. 사원에 모래를 갖고 가는 의식การขนทราย도 있는데 사원에 갖고 간 모래 같이 행운이 몰려오기를 바란다는 의미와, 사원에 갔다가 발에 모래 흙을 묻혀서 밖으로 갖고 나왔던 일은 악행이기 때문에 모래를 제자리에 갖다 놓는다는 의미도 있다. 이 축제는 태국의 인근 국가인 라오스, 캄보디아, 미얀마에서도 행해진다.

2) 러이 끄라통 축제 ลอยกระทง

태국식 음력 12월 보름밤에 개최된다. 행사의 유래에 대해서는 여러 가지 설이 있다. 강물과 운하의 물을 사용하고 때로는 더럽힌 것에 대해서 물의 여신에게 사과를 구하기 위한 것이라는 설, 나르마다 강 Narmada River 의

쏭끄란 축제

모래사장에 있는 부처의 발자국을 찬미하기 위해서 꽃과 양초·선향을 바치는 것이라는 설, 강과 운하가 물로 넘쳐흐르고 달빛이 아름다운 시기를 축하하기 위해서 만든 축제라는 설 등이 있다.

러이 끄라통 축제

브라만교에서 유래했다는 설도 있다. 비슈누 신วิษณุ พระนารายณ์을 찬미하기 위함이라는 것인데, 끄라통을 만들어서 비슈누 신이 살고 있는 우유의 바다ทะเลน้ำนม로 띄워 보낸다는 의미다.

원래 끄라통กระทง은 바나나 잎사귀나 나무줄기 껍질로 만들며 접시 모양을 하고 있다. 옛날에는 그 안에 음식, 빈랑나무 열매, 꽃, 양초, 선향과 동전이 담겨 있었다. 오늘날 끄라통은 대부분 합성물질로 만들고 채색된 종이를 바른다. 러이ลอย라는 말은 물에 띄운다는 의미를 갖는다. 따라서 러이 끄라통 축제는 끄라통에 불을 붙인 양초와 선향을 싣고 소원을 담아 강이나 운하에 띄워 보내는 축제라고 할 수 있다.

러이 끄라통 축제는 미인대회와 함께 열린다. 이 미인을 놉파맛นพมาศ이라고 부르는데, 놉파맛은 쑤코타이 리타이 왕의 궁녀로서 그녀가 최초로 끄라통을 만들어 강물에 띄웠다는 옛날이야기가 유래되고 있다.

4. 다양한 공공행사

1) 완 풋차몽콘 วันพืชมงคล, Ploughing Ceremony

매년 우기가 시작되는 5월 둘째 주에는 풍작을 기원하는 브라만 행사일이 있다. 이 날은 점성술사가 해마다 길일을 택해서 정하게 된다. 행사는 왕이 임명하는 프라야 랙 나 พระยาแรกนา, Ploughing Lord가 주관한다. 왕궁 앞의 싸남 루엉 광장 สนามหลวง에서 개최되는데 행사의 이름을 프라랏차피티 짜롯프라낭칸랙나콴 พระราชพิธีจรดพระนังคัลแรกนาขวัญ, Ploughing Ceremony이라고 한다.

프라야 랙 나는 성우聖牛로 하여금 7가지 곡식의 종자와 음료수벼, 콩, 옥수수, 깨, 마른 풀, 물, 술를 신별해 먹도록 하여 그 해의 강우량과 수확량 등을 예측한다.

피티 짜롯프라낭칸랙나콴

2) 완 찻뜨라몽콘 วันฉัตรมงคล, 즉위 기념일

푸미폰 국왕ภูมิพลอดุลยเดช은 1950년 5월 5일 즉위했다. 이 날을 축하하기 위해 프라버롬마하랏차왕พระบรมมหาราชวัง이라고 부르는 왕궁에서 행사가 개최된다. 이곳은 현재 왕실행사를 치르는 데만 사용되며 푸미폰 국왕은 찟뜨라라다 궁พระตำหนักจิตรลดารโหฐาน에 거처하고 있다.

3) 국왕 탄신일과 왕비 탄신일

국왕 탄신일은 12월 5일이며, 아버지의 날이기도 하다. 아버지의 날 상징 꽃은 덕 풋타락싸ดอกพุทธรักษา이다. 왕비 탄신일은 8월 12일이며 어머니의 날이기도 하다. 어머니의 날 상징 꽃은 덕 말리ดอกมะลิ, jasmine인데 이 꽃은 자식에 대한 끊임없는 어머니의 순수한 사랑을 나타낸다. 국왕과 왕비 탄신일이 국경일로 정해진 것은 싸릿정권때인 1960년이다.

덕 풋타락싸, 덕 말리

교육제도

1. 교육의 역사

근대 이전 태국의 일반인을 대상으로 한 교육은 보통 사원에서 행해졌다. 쑤코타이 시대 남자는 6~7세가 되면 사원에 보내져 승려로부터 부처의 가르침과 셈법을 학습했다. 아웃타야 시대에도 마찬가지였다. 승려들은 교사가 되고 사원은 학교로 사용되었다. 그러나 승려들은 여성들과 접촉할 수가 없었기 때문에, 여성들은 근대 교육이 행해지기 전까지 주로 가정교육을 받았다.

근대화를 추진한 라마 5세$_{1868~1910}$는 1898년 지방의 사원에 학교를 설립하고 승가의 협조를 받아 근대 교육의 지방 보급에 힘쓰게 되었다. 그래서 태국 승려들은 근대 이전과 그 후에도 종교와 교육이라는 두 가지 일에 종사해야 했다. 1922년 이후 근대식 의무교육이 실시되었지만 이때까지도 약 70%의 교육은 사원에서 이루어지고 있었다. 그로부터 한참이 지난 후 교원 양성기관이 확장되고 교원의 수도 증가하자 점차적으로 종교와 교육이 분리되었다.

일반인과는 달리 왕족이나 귀족 자제의 교육은 왕궁에서 이루어졌다. 쑤코타이, 아웃타야, 톤부리, 랏따나꼬씬 왕국의 라마 3세 때까지 왕족의 자제들 교육은 왕실 가정교사가 담당했다. 라마 4세 몽꿋 왕은 오랜 기간 승려 생활을 하면서 전통적 학문인 산스크리트어·빨리어·불교·문학·점성술을 배웠을 뿐 아니라, 영국인 신부와 미국인 선교사로부터 서양의 과학·천문학·영어 등을 배웠던 근대화된 인물이었다. 그는 왕실에 영국인 여성 가정교사 안나 레오노웬스Anna Leonowens를 초빙하여 왕족 자제들의 교육을 담당시켰다. 안나는 5년간의 태국 생활을 마치고 미국으로 가서 『싸얌 궁전의 영국인 여자 가정교사 The English Governess at the Siamese Court』 1870라는 소설을 썼는데, 이 작품을 바탕으로 후일 헐리우드에서 〈왕과 나 The King and I〉라는 제목의 뮤지컬이 공연되어 공전의 히트를 치게 되었다.

라마 4세에 이어 그의 아들인 라마 5세는 태국의 근대화를 본격적으로 추진하면서 근대적인 교육 체제를 확립하고 고등교육을 발전시키는 기틀을 마련하였는데 그 후 고등교육기관은 다음과 같이 발전했다.

영화 〈왕과 나(The King and I)〉

1917년	태국 최초의 대학인 쭐라롱껀 대학จุฬาลงกรณ์มหาวิทยาลัย 설립
1934년	탐마쌋 대학มหาวิทยาลัยธรรมศาสตร์ 설립
1943년	마히돈 대학มหาวิทยาลัยมหิดล 설립
1943년	까쎗쌋 대학มหาวิทยาลัยเกษตรศาสตร์ 설립
1943년	씰라빠껀 대학มหาวิทยาลัยศิลปากร 설립
1949년	씨나카린위롯 대학มหาวิทยาลัยศรีนครินทรวิโรฒ 설립
1966년	고급 관리 양성을 목적으로 한 대학원 대학인 국가개발행정 대학NIDA: National Institute of Development Administration 설립

1960년대에는 방콕에 집중되어 있던 고등교육 기관이 지방까지 확대됨으로써 1964년 북부 치앙마이 대학มหาวิทยาลัยเชียงใหม่, 1965년 동북부 컨깬 대학มหาวิทยาลัยขอนแก่น, 1967년 남부 쏭클라나카린 대학มหาวิทยาลัยสงขลานครินทร์이 설립되었다. 1969년에는 사립학교법이 제정되어 방콕을 중심으로 10개 사립대학이 설립되었다. 또한 1971년에는 증가하는 교육 수요를 충당하기 위하여 고교 졸업생이면 누구나 입학할 수 있는 개방대학인 람캄행 대학มหาวิทยาลัยรามคำแหง을 설립했으며, 1978년에는 방콕의 도시 집중현상을 방지하기 위하여 논타부리에 쑤코타이 탐마티랏 개방대학교มหาวิทยาลัยสุโขทัยธรรมาธิราช를 설립했다.

2. 학제

1977년 신 국가교육계획령이 공포된 후부터 교육 편제는 6-3-3제이다. 초등학교는 매년 각 학교마다 시험방식이 다른데, 무시험일 때도 있고 시험을 실시할 때도 있으며 제비뽑기를 할 때도 있다. 또 각 학교마다 지역 내·외에서 정해진 비율의 학생을 선발해야 한다는 규정이 있다. 공립학교에 입학하는 경우 학생의 집 근처에 배정이 되지만 그 학교의 인원이 초과하면 제비뽑기를 한다. 제비뽑기에서 떨어진 학생들은 집 근처에 위치한 다른 학교로 배정된다.

태국은 보통 초등학교, 중학교, 고등학교가 함께 있다. A초등학교를 나온 후 본인이 원하면 무시험으로 A중학교와 A고등학교인문계에 입학할 수 있다. 그러나 만약 A중학교를 졸업하고 다른 고등학교실업계나 유명고로 가고 싶으면 입학시험을 치러야 한다. 태국의 고등학교는 인문계와 실업계로 나눠지는데, 인문계 고등학교는 4년제 대학교나 2년제 전문대학에 진학하기 위한 고등학교로 문과인문사회계열, 예술계 등와 이과과학기술계 등로 나눠진다. 실업계 고등학교는 취업을 목적으로 하는 고등학교이다.

대학입시는 국가에서 실시하는 수학능력시험과 내신 성적을 종합한 점수를 기준으로 시행되고 있으며, 수험생은 보통 제4지망까지 선택할 수 있다.

3. 학교생활

1) 학기제와 방학

초·중등학교 1학기는 5월 초부터 9월 말까지이며 2학기는 10월 초부터 3월 말까지이다. 대학교의 경우 1학기는 8월 중순부터 12월 초까지이며 2학기는 1월 초부터 4월 말까지이다. 그 나머지 기간은 방학인 셈이다. 이러한 학기제는 2015년 아세안 공동체 출범을 앞두고 새롭게 만들어진 것이다.

2) 교복의 착용

태국의 학생들은 교복을 착용한다. 교복은 1년 내내 하복으로 대학생이 되어도 표준복의 색을 지정하여 입고 있다. 일반적으로 여학생 상의는 백색의 블라우스, 남학생 상의는 칼라가 달린 와이셔츠이다.

여학생 하의는 감색 계통의 주름 스커트가 일반적이다. 초

태국 대학생들의 교복

등학생도 스커트를 입으며 중·고등학생이 되면 스커트 길이가 점점 길어진다. 대학생의 스커트 색은 보통 감색, 흑색, 청색, 갈색 등이며 디자인은 비교적 자유스럽다. 남학생의 바지 색도 감색, 흑색, 청색, 갈색 등이지만 보통 고교생은 짧은 바지를 착용하고 있으며 양말은 같은 색 계통을 신는다. 보이스카우트를 제외하고는 교모를 쓰는 경우는 좀처럼 볼 수 없다.

불교의 왕국 태국

4

불교국가인 태국은 법률적으로 신앙의 자유가 보장되어 있으며 불교 이외의 종교를 신봉하는 데 아무런 방해를 받지 않는다. 다만 헌법상 태국의 국왕은 불교도여야 한다고 규정하고 있으며 국민들의 대다수인 95%가 불교도이기 때문에, 실제로 불교는 국교와 동일한 지위에 놓여 있다고 볼 수 있다.

불교

1. 상좌부불교上座部佛敎의 도입과정

태국의 불교는 상좌부불교이다. 상좌부는 테라왓เถรวาท이라고 하는데 테라เถระ는 빨리어로 교단敎團의 장로長老를 의미하고, 왓วาท은 설說·논論을 의미한다. 따라서 테라왓이란 "교단의 장로에 의해서 계승되어 왔던 불교의 정당한 교설"을 의미한다고 볼 수 있다.

불교는 고타마 싯달타Gotama Siddartha가 보리수菩提樹 아래서 각성하여 스스로 포교를 시작하게 된 종교이다. 불교는 석가가 입적하고 100년경이 지나서 둘로 나뉘어진다. 첫째는 상좌부 히나얀 불교หินยาน, 小乘佛敎로 본래의 불교 전승을 견지하는 보수적인 불교를 가리킨다. 둘째는 개혁을 요구하는 진보파의 불교로서 대중부 마하얀 불교มหายาน, 大乘佛敎이다. 그러나 히나얀이란 작은 탈 것小乘이라는 의미를 갖는 말로서 마하얀은 큰 탈 것이라는 의미 대승불교에서 낮춰 부르는 일반적인 호칭이기 때문에 테라왓불교라고 부르는 것이 적합할 것이다.

상좌부불교는 기원전 3세기 인도의 마힌다Mahinda 장로에 의해 스리랑카에 전해졌으며 태국에 전파된 시기는 쑤코타이 왕국 초기였다. 쑤코타이

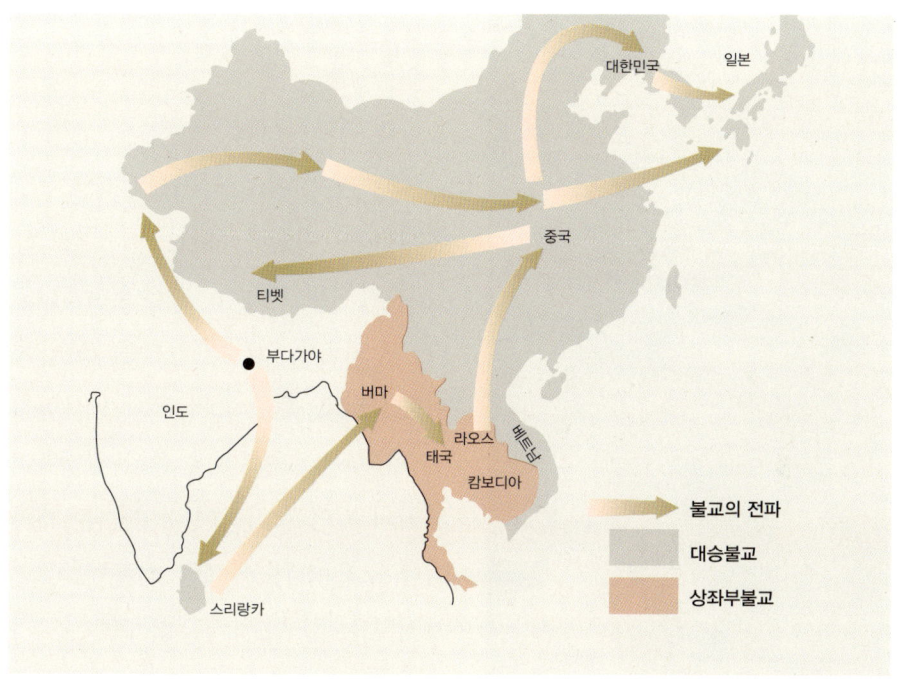

불교 확산의 경로(상좌부불교와 대승불교)

왕국의 3대 왕인 람캄행대왕은 과거 이 지역을 통치했던 크메르 색채_{대승불교}를 불식시키기 위해, 당시 상좌부불교의 중심지인 남부 태국의 나컨씨탐마랏으로부터 상좌부불교 고승을 초빙했다. 이후 불교는 고대 태국의 왕권을 정당화하는 통치 이데올로기이자 민중의 신앙대상으로서 태국 사회에 깊숙이 뿌리내리게 되었다.

나컨씨탐마랏

2. 불교의 특징

1) 해탈지향성: 승려

비구와 사미승

태국의 상좌부불교는 대중구제를 중시하는 대승불교와는 대조적으로 승려 자신의 해탈에 중점을 두고 있다. 그 교리에 의하면 인간은 고통, 노여움, 병고, 죽음 등의 고뇌가 끊임없이 계속되는 윤회계에 살고 있다. 이 고뇌의 원인은 인간이 갖고 있는 쾌락이나 소유에 대한 집착 때문이다. 집착이 있는 한 인간은 윤회계의 포로가 되고 생과 사를 반복하면서 영구히 고뇌를 계속하게 된다. 이 고뇌의 사슬로부터 벗어나는 길은 팔정도八正道: 正見, 正思, 正語, 正業, 正命, 正精進, 正念, 政定를 행하여 해탈에 이르는 것이며 해탈의 권리는 승려에게만 주어진다.

상좌부불교 교리에 따르면 초자연적인 힘이나 신에게 의존하는 일 등은 완전히 배제되며, 불교적 세계관의 이해와 그에 근거하는 실천에 의해 스스로 깨달음을 얻어야 한다고 가르친다. 신비적 요소를 배제하는 점에서 합리주의적이고 개인의 깨달음을 강조하는 점에서 개인중심적이라고 볼 수 있다.

이러한 실천을 가능케 하기 위해서 태국의 승려들은 승가僧伽, sangha 라고 부르는 조직체를 국가적 규모로 구성하고 있다. 태국 승가는 다음과 같은 몇 가지 특징을 갖는다. 우선 승가에 승려로서 참여하는 것은 성인남자에 한하고 있다. 미성년자에게는 십계를 하사하여 넨เณร, 沙弥僧이라고 부르며 여성은 승가의 가입을 금하고 있다. 승가의 구성원이 되는 자는 전답을 경작하는 일 등 일체의 세속적인 일이 금지된다. 따라서 승가는 그 자체로는 경제적으로 자립할 수 없으며 의식주 전반을 재가신도在家信徒에게 의존하게 된다.

2) 공덕지향성: 재가신도

사실상 해탈지향을 내용으로 하는 종교적 교리는 승려라는 종교적 엘리트를 대상으로 한 것이고, 재가신도에 대해서는 별도의 원리에 의한 행동지침이 있다.

윤회전생의 질서로부터 벗어나기 위해서 해탈에 전념하게 되는 불교에서 설명하는 세계를 보면 윤회계에 대한 긍정적인 해석이 가능하게 되어 있다. 윤회계의 생 전부를 고통이라고 생각하여 부정하는 것이 아니고, 마음에 드는 일생과 마음에 들지 않는 일생이 구별되어 있다. 한 인간의 일생은 업業, กรรม 개념에 의해 설명되는데, 즉 인간의 현생에 있어서의 지위 · 운 · 불운 등은 그 사람이 갖는 전생 행위의 결과인 업으로 결정되는 것이다.

업을 결정하는 주요한 요인은 그 사람이 쌓은 분บุญ, 즉 선덕善德, 功德이다. 전생에 탐 분ทำบุญ, 功德쌓기을 많이 한 자는 현생에서 행복한 생활을 영위할 수 있다. 그와 반대로 전생에 탐 분을 행하지 않으면 현생의 행복이 보장되지 않는다. 분의 반대 개념은 밥บาป이라는 악덕惡德행위로 생물을 죽이고 도적질을 하는 등의 악행을 행하면 밥을 저지르게 되는 것이다. 한마디로 선업선과善業善果, 악업악과惡業惡果를 초래한다는 것이다.

인간의 업이 각 개인의 분과 밥에 의해서 변화하게 된다는 설명은 전생과 현생, 현생과 내생에 대해서 뿐만 아니라 현생 속에서도 적용되고 있다. 현생의 생활 가운데 축적된 분과 밥의 결과 현생의 장래 생활에 있어서 운·불운, 행·불행도 결정된다는 것이다. 이러한 설명의 원리에 입각하여 태국 불교도들은 개인의 생활을 분과 밥의 척도로 계산하면서 행동하게 된다.

이러한 소위 업결정론을 믿고 있는 태국 불교도들은 다양한 방법을 통해 승가에 공덕을 쌓게 된다. 그 구체적인 예는 출가하는 일, 사원 건축비용을 보시하는 일, 자식을 승려로 출가시키는 일, 불적을 순례하는 일, 사원 수리비용을 보시하는 일, 매일 탁발하거나 재계일齋戒日, วันพระ에 사원을 참배하고 승려에게 음식물을 공양하는 일, 5계와 8계를 준수하는 일, 까틴 축제 การทอดกฐิน 때 승려에게 금품을 보시하는 일 등이다.

3) 주술지향성

공덕지향성을 중시하는 태국불교의 또 다른 특징은 주술지향성을 띠고 있다는 데 있다. 공덕지향의 교리가 주로 내세나 장래에 대해서 보장은 하고 있으나 현실에서 당면하는 여러 가지 문제 등에 해답을 주지 못하는 경우에, 주술지향적인 불교가 보완적 효과를 발휘할 수 있다.

태국불교의 주술적 성격을 보여주고 있는 일례가 프라크르엉พระเครื่อง이다. 태국인들은 프라크르엉이라고 하는 소 불상을 지니고 있으면 재앙을 막을 수 있다고 생각한다. 이것은 이른바 주술신앙의 일종이라고 볼 수 있다. 주술신앙의 중심에 자리 잡고 있는 것은 빨리어 경전인 프라 빠릿讀經, พระ

ปริตรอิ다. 프라 빠릿은 불상의 개안開眼의례, 집의 신축 기념, 장례식, 공양 등의 불교의례 때 암송되고 있다. 태국인들은 프라 빠릿이 악령을 퇴치하는 주력이 있다고 믿고 있다. 예를 들면 장례식장에 싸이씬สายสิญจน์이라고 하는 성사聖絲를 둘러치고 그 일부를 승려가 손에 쥔 후 프라 빠릿을 암송하면 전기가 전선을 통하는 것과 마찬가지로 주력이 장례식장에 가득 차시 악령의 침입을 방지할 수 있다고 생각하는 것이다.

불교 의례 때 승려가 참배자에게 뿌리는 남 몬น้ำมนตร์이라고 하는 성수도 프라 빠릿을 제창하면서 뿌린다. 이 물을 맞으면 힘이 체내에 가득하여 재앙을 물리칠 수 있게 된다고 믿는다. 불상이나 몸에 지니게 되는 소 불상에 혼을 집어넣기 위해서 고승을 초빙하는 의례가 행해지는데, 이때도 불교 경전과 함께 프라 빠릿을 암송한다.

3. 불교상식

1) 승가 คณะสงฆ์

태국의 출가자는 승가로 불리는 집단에 가입하게 된다. 승가라는 말은 원래 산스크리트어로 집단·군·조합을 의미하는데, 상좌부불교가 전파되었던 동남아 지역에는 출가자 집단을 승가라고 부르게 되었다.

승가는 빨리율 227계具足戒, 大戒를 지키는 비구와 10계小戒를 지키는 사미승을 그 구성원으로 하고, 사원의 설비와 음식물 등을 제공하는 재가 신도의 물질적 지원에 따라 성립된다.

태국의 승가는 카나 쏭타이คณะสงฆ์ไทย라는 통일 조직을 갖고 있으며 여기에 속하지 않은 자는 승려로서 인정되지 않는다. 승가는 교육부 종교국을 중심으로 하는 국가 통제 하에 있으며 피라미드 조직을 구성하고 있다. 승가의 피라미드 조직은 일반 행정조직과 같은 형태를 갖는다. 즉 왕이 임명하는 프라쌍카랏พระสังฆราช이라고 불리는 승왕僧王을 정점으로 하는 원로회의มหาเถรสมาคม 밑에 4개의 대관구가 있으며, 그 밑에는 도จังหวัด · 군อำเภอ · 면ตำบล · 말단 사원 조직이 있다.

태국 승가의 또 다른 특징은 승가에 남성들만 가입할 수 있다는 사실이다. 그래서 태국에는 다른 동남아 상좌부불교국가와 마찬가지로 비구比丘만 있고 비구니比丘尼는 없다.

2) 승가의 종파

승가 종파는 과거부터 유래한 전통적 마하 니까이มหานิกาย와 1836년 라마 4세 몽꿋이 주도적으로 만든 탐마윳 니까이ธรรมยุติกนิกาย 두 종류가 있다. 마하 니까이는 수적으로 97%를 차지하고 있다. 왕실 중심으로 만들어진 탐마윳 니까이는 마하 니까이에 비해서 계율을 더욱 엄격히 지킨다. 역대 태국의 승왕은 탐마윳 니까이로부터 선출된 경우가 많아 마하 니까이와의 갈등을 초래하기도 했다.

3) 계율ปาติโมกข์

상좌부불교는 계율불교라고 불릴 정도로 계율이 엄격해, 비구가 지켜야 할 계율이 227계이다. 우빠쏨봇อุปสมบท 이라고 불리는 득도식의 본질도 이러한 계율의 수계受戒에 있다. 사미승들은 10계를 지켜야 하고, 재가신도는 보통 5계를 지켜야 하며 특별한 날예를 들어 재계일인 음력 8. 15, 23일과 말일에는 8계를 지키게 된다.

계율 중 10계를 소개하면 다음과 같다. 간음하지 말 것, 도적질하지 말 것, 살아 있는 생물을 죽이지 말 것, 망언하지 말 것, 음주하지 말 것, 오후 이후 다음날 아침까지 식사하지 말 것, 가무 등 오락에 빠지지 말 것, 향수와 장신구를 사용하지 말 것, 크고 높은 침대에서 자지 말 것, 금·은·재물을 받지 말 것 등이다.

태국에는 대처승이 없다. 태국 사람들이 승려들을 각별히 존경하고 있는 이유 중 하나도 승려들의 금욕적인 생활 때문이라고 볼 수 있다.

4) 파 찌원 ผ้าจีวร, 袈裟

파 찌원 이라고 하는 승려의 황색 가사는 세 가지 三衣, ไตรจีวร 로 구성된다. 의식 때 왼쪽 어깨에 걸치게 되는 견포 쌍카띠 สังฆาฏิ, 온몸을 덮는 찌원 จีวร, 上衣, 스카트 형식의 싸봉 สบง, 下衣이 있다.

5) 매치 แม่ชี

태국에 가보면 황색 가사를 입은 승려들과 함께 백색 가사를 입고 아침 일찍 탁발을 하러 다니는 여성 승려들의 모습을 볼 수 있다. 이들을 매치라고 부르는데, 매치는 보통 사원의 일각에서 기거하면서 계율을 준수하고 수행생활을 하고 있지만 엄밀한 의미에서 승려는 아니다.

매치는 남성 비구승 ภิกขุ, ภิกษุ에 대한 여성 비구니 ภิกขุนี, ภิกษุณี를 의미하는 것이 아니다. 상좌부불교에서도 비구니는 10세기경까지 존재했지만 이후 사라졌다.

매치

8계를 준수하는 매치는 출가와 재가의 가운데 위치한 독특한 위상을 갖는다고 볼 수 있다.

6) 싸이씬 สายสิญจน์

싸이씬은 성스러운 실聖絲이라는 의미를 갖는 백색 목면의 실이다. 승려와 속인과의 경계를 설정하고 특정 장소를 성역화 하는 의식을 치를 때 그곳을 악령으로부터 보호하기 위하여 싸이씬을 둘러치게 된다.

7) 남 몬 น้ำมนตร์, 聖水

승려가 주문을 외우면서 만드는 특별한 물을 의미한다. 의식을 마친 후 승려는 나뭇가지에 남 몬을 묻혀 참배자들에게 흔들어 뿌리게 되는데 이 물을 맞으면 재난을 면하게 된다고 믿는다. 결혼식, 새 집들이, 회사의 개소식 또는 비행기의 처녀출항 때 이러한 의식이 거행되고 있다.

승려들의 가사

8) 프라크르엉 พระเครื่อง(พระเครื่องราง 의 약자)

몸에 갖고 다니는 소 불상으로 일종의 부적이라고 볼 수 있다. 이것을 지니고 다니면 재난을 피하고 행운을 가져다준다고 생각한다.

9) 오후불식午後不食

상좌부불교 국가인 태국의 승려들은 대승불교의 승려들과는 달리 오후 12시가 지나서 음료수 외에는 일체의 음식을 먹지 않는다. 처음에 불교에서는 하루 한 끼만 먹는 전통이 있었다. 그러나 석가가 그의 아들인 라훌라Rahula가 배고파하는 것을 보고 아침에는 죽을 먹도록 하고 점심에는 밥을 먹도록 했다고 한다.

상좌부불교에서는 음식을 가리지 않고 육식도 한다. 그 이유는 승려들이 사원에서 음식을 만들지 않고 걸식乞食, บิณฑบาต에 의존하기 때문이다. 반면에 대승불교에서는 육식을 하지 않으며 자극성이 있는 오신채마늘, 파, 달래, 부추, 흥거를 먹지 않는다.

싸이씬

남 몬

프라크르엉

10) 이색적인 사원

우리에게 알려진 사원의 이미지는 조용하고 정숙하며 청정무구한 정신 수양의 도량이요 신앙의 장소로 인식되고 있다. 그러나 태국 사원의 이미지는 이와 달리 다소 동적이다. 그 이유는 태국 사원의 사회적 기능과 밀접한 관계가 있다. 과거부터 지금까지 사원은 학교, 수양도량, 사교장, 미술관, 재판소, 여행자의 숙소 등 다목적으로 이용되고 있다. 또한 승려들은 교사, 의사, 분쟁의 조정역, 상담역 등을 담당함으로써 재가신도들과 밀접한 관계를 갖게 된다. 사원이 마음의 안식처이자 일반인들의 실용적인 생활공간으로 이용됨으로써, 불교는 태국인들에게 있어서 종교라기보다 일종의 생활관습이 되었다고 볼 수 있다.

11) 불교대학

현재 태국에는 두 개의 불교대학이 있는데 이 대학들은 라마 5세 때 만들어졌다. 라마 5세는 1889년 마하탓 사원วัดมหาธาตุ에 마하탓 윗타얄라이มหาธาตุวิทยาลัย 학교를 세운 후 1896년 마하쭐라롱껀 랏차윗타얄라이มหาจุฬาลงกรณ์ราชวิทยาลัย라고 명명했다. 1893년에는 버원니웻 사원วัดบวรนิเวศ에 마하마꿋 랏차윗타얄라이มหามกุฏราชวิทยาลัย라는 학교를 세웠다. 그는 이 학교들을 서양의 카톨릭대학과 같이 발전시키고자 했지만 대학과정을 개설할 준비인원, 교과과정, 예산가 되어 있지 않았기 때문에 당대에는 성공하지 못했다. 이후 1946년 마하마꿋 랏차윗타얄라이가, 1947년에는 마하쭐라롱껀 랏차윗타얄라이가 진정한 의미의 대학과정을 개설하게 되었다. 마하마꿋 랏차윗타얄라이는 탐마윳 니까이 승려들을 위한 대학이며, 마하쭐라롱껀 랏차윗타얄라이는 마하 니까이 승려들을 위한 대학이다.

4. 유명 승려와 사원들

가장 영향력 있는 개인 승려들은 풋타탓พุทธทาสภิกขุ, 포티락สมณะโพธิรักษ์, 루엉 퍼 쏫พระมงคลเทพมุนี (สด จนฺทสโร) 등이며 그들은 각각 쑤언목สวนโมกขพลาราม, 싼띠 아쏙สันติอโศก, 탐마까이วัดพระธรรมกาย 사원을 중심으로 활동했다.

1) 풋타탓과 쑤언목 운동

부처의 가르침에 대한 독특한 해석과 수많은 저술들로 국내외에 널리 알려진 풋타탓은 1906년 남부 차이야의 한 화교상인 집안에서 태어났다. 20세에 출가한 그는 빨리어 경전 독해시험에 불합격한 후 산림에 거주하면서 불경을 탐구하는 것이 법의 실천에 더욱 도움이 될 것이라고 판단하여, 1932년경 교단과 속세에서 멀리 떨어진 태국의 남부 차이야ไชยา의 한 산림에 쑤언목 사원을 설립하게 되었다.

산림거주 수도승의 전통인 아란야와씨อรัญวาสีี를 연상하게 하는 장소 선택과 관련하여 풋타탓은 "법을 실습하는 장소는 매우 중요하다. 그 이유는 우리가 자연으로부터 직접 배울 수 있기 때문이다"라고 언급했다. 산림에서 명상수련과 경전연구에 열중한 그는 단순히 수도승으로만 머물러 있지 않았다. 강연과 저술활동 등을 통해 법을 대중화하기 위해 노력하였으며 아란야와씨 전통과 캄마와씨คามวาสี, 즉 촌락거주 수도승의 전통을 성공적으로 결합시켰다. 그의 영적 현장인 쑤언목은 여러 신자들의 순례여행지가 되었으며 풋타탓으로 인하여 수많은 사람들이 불도의 길을 찾아 속계를 떠나게 되었다. 1993년 그가 사망하자 장례는 국장으로 행해졌으며, 아직도 풋타탓의 카리스마는 많은 승려들과 재가신도들에게 깊게 각인되어 있다.

풋타탓은 현대 태국이 낳은 가장 저명한 불교 사상가라고 말할 수 있다. 그러나 그의 혁신적이고 지적인 사상은 일반 대중들에게 쉽게 전달할 수 없다는 약점을 갖고 있다. 특히 법^{부처의 가르침}에 대한 지나치게 자유적이고 급진적인 해석은 대부분의 불교도들에게는 낯선 것이었다. 하지만 풋타탓의 산림 은신처인 쑤언 목은 그의 열반에 대한 재해석을 지지하는 사람들과 중산층, 전문가 집단, 지식인들에게 많은 관심을 이끌어내며 명상의 중심지가 되었다. 또한 합리적인 교리해석으로 마하 니까이 승려와 탐마윳 니까이 승려들 모두로부터 지지를 받았다. 어떤 누구도 그를 직접적으로 공격하지 못했고 그의 카리스마에 도전하지 못했다.

풋타탓

교리의 주요 내용

풋타탓은 1926년 차이야에서 마하 니까이로부터 수계를 받았다. 1930년 대 중반이래 풋타탓은 독특하고 개혁적인 방법으로 불교교리를 재해석했다. 풋타탓의 가르침은 '열반은 윤회 속에 있다 in samsara exists nibbana'를 전제로 하여 발전했다. 현세의 운명이 과거의 선덕善德과 악덕惡德으로 정해져 있는 업 결정론 determinism에 의해 정해지기보다는 현세에서 자기수양을 통해 만들어 질 수 있다라는 공덕쌓기 개념ทำบุญ에 비중을 두었다. 그래서 그는 공덕쌓기를 현세의 행동을 포함하여 재해석하였다. 그는 "열반은 승려들만의 것이 아니라, 누구나 이룰 수 있는 것이다"라고 말한다. 재가 신도들에게 불교신앙을 강조하면서 불교의 궁극적인 목표를 추구하기 위해서는 출가해야 된다고 믿는 기존의 개념에 대해 정면으로 반박하였다. 열반은 엄격한 수행형식 또는 힘든 명상 프로그램을 필요로 하지 않고 간단하면서 행하기 쉬운 내부명상วิปัสสนา으로 얻어진다고 했다. 또한 열반의 도달은 특별한 행위가 아니고 인간이 속세의 경험으로 더럽히기 전인 인간의 본성, 즉 비 집착의 상태를 되찾는 것이라고 했다. 그의 이러한 견해는 출가한 승려만이 열반에 이를 수 있다는 엘리트주의적인 상좌부불교의 전통적 인식에 반기를 든 것이었다. 풋타탓은 이외에도 지옥이나 천당, 윤회전생 등의 믿음은 모두 개인의 마음에서 비롯되는 것이라고 주장하기도 했다.

2) 포티락과 싼띠아쏙 운동

포티락

포티락은 1935년 동북부의 씨싸껫에서 태어났으며 어렸을 때는 기독교인으로 성장하였다. TV 방송국 프로듀서로 일한 적이 있으며 1970년에 영적인 계시를 받아 아쏙 까람 사원에서 수계식을 가졌다. 1973년에 자신의 지지자들을 이끌고 방콕에서 60km쯤 떨어진 나컨 빠톰에 싼띠아쏙 사원을 설립하여 수도생활에 전념하게 된다. 그는 기존교단에 가입하기를 거부하였고 새로운 종파를 설립하여 싼띠아쏙 운동을 전개했다.

포티락에 의해 창설된 불교단체인 '슬픔없는 평화'라는 의미의 싼띠아쏙은 기존불교와 연관되지 않은 산림 실천운동이었다. 싼띠아쏙은 어느 종파건 상관없이 승려들과 재가신도 누구나 와서 불법을 닦도록 권유하고 있다.

싼띠아쏙 운동은 정치활동에도 깊숙이 관여했다. 전직 방콕 시장 짬렁 จำลอง ศรีเมือง은 1978년 싼띠아쏙에 참가했고 1985년 방콕시장에 선출되었으며 1988년에는 싼띠아쏙의 지지자들로 구성된 팔랑탐 당 พรรคพลังธรรม을 결성했다. 이때를 즈음해 싼띠아쏙은 태국 정치에 적극적으로 개입하기 시작했으며 기존 승가와의 갈등이 심각해졌다.

교리의 주요 내용

포티락은 불교원리의 엄격한 실천과 윤리적 청결성을 강조했다. 공동체 성격을 지니고 있는 싼띠아쏙의 신도들은 나무로 지은 소박한 오두막집에서 생활하면서 엄격한 도덕적 행위와 수행자로서의 절제가 요구된다. 일반신자들의 경우 남자와 여자 모두 기본적인 계율인 5계 또는 8계를 준수하고 채식 생활을 해야 한다. 출가한 자들의 경우 비구들은 227가지의 대계大戒, 매치들은 10계 외에 다음에 열거된 싼띠 아쏙의 독특한 '열 가지 계명'을 지켜야 한다. 첫째, 육식을 삼가 할 것. 둘째, 하루에 한 끼 이상 먹지 말 것. 셋째, 중독성 또는 습관성의 물질을 취하지 말 것. 넷째, 낮 시간아침 5시~저녁 6시에 잠자지 말 것. 다섯째, 신발을 신지 말 것. 여섯째, 가방과 양산을 사용하지 말 것. 일곱째, 돈이나 그 밖의 다른 불필요한 것을 소유하지 말 것. 여덟째, 성수를 만들지도 뿌리지도 말 것. 아홉째, 불상이나 부적의 제작을 삼가 할 것. 열째, 불·연기·물 등을 사용하는 제사의식의 집행을 삼가 할 것. 이상의 금지 사항 가운데 마지막 세 가지는 불도에 전념하지 않고 세속인들의 주술적 요구에 응해 의식을 행하며 불상 및 부적의 제작에 직·간접적으로 참여하는 기존의 승려들에 대한 비난의 성격을 지니고 있다. 1989년 승가로부터 파문당하기 전까지 그들은 황색승복 대신 갈색승복을 입었으며 현재는 흰색 승복을 입고 있다. 위의 '열 가지 계명'은 전체적으로 볼 때 빨리어 경전에 나타나 있는 초기의 불교정신으로 돌아가자는 싼띠아쏙의 근본적 취지를 분명하게 보여준다.

승가와의 관계

독자적인 수행방식으로 태국 승가로부터 지탄을 받은 포티락은 도덕적 권위를 가지고 수행자들에게 엄격한 수련의식을 수행할 것을 주장했으며 공식적인 승가의 권위로부터 자유롭게 행동하였다. 승가와 정부 종교국은 싼띠아쏙 운동의 합법성에 대해 의문을 제기했다. 1989년 5월 23일 원로회의มหาเถรสมาคม 는 이단종교인 싼띠아쏙의 창시자 포티락의 성직을 박탈했다. 승려 사회의 품위를 떨어뜨리는 행동을 하고 승려 사회에 대한 폭동의 혐의가 인징되기 때문이었다. 뿐만 아니라 노티락 자신이 부처와 같은 높은 경지에 이르렀다고 주장하고 승가로부터 분리된 종파를 이끌었다는 사실도 중요한 죄목이 되었다.

3) 루엉 퍼 쏫과 탐마까이 운동

탐마까이 운동은 방콕 북쪽 빠툼타니 지방에 있는 탐마까이 사원을 중심으로 전개되었다. 이 사원은 풋타탓의 쑤언목처럼 명상수련을 중시하고 루엉 퍼 쏫이 개발한 특별한 명상수련법을 수행하는 곳이다. 1970년 이후 탐마까이 운동은 설립자인 루엉 퍼 쏫의 두 제자 프라 탐마차요พระเทพญาณมหามุนี (ไชยบูลย์ ธมมชโย)와 프라 탓따치워พระเผด็จ ทตตชีโว에 의해 대중화되었다.

1980년대부터 탐마까이는 큰 발전을 이루었다. 탐마까이가 주최하는 주요한 불교축제에는 100,000여 명 이상의 신도들이 참석하기도 했다. 탐마까이 운동의 조직을 살펴보면, 중앙에는 재가신도들이 경영하고 승려들이 감독하는 탐마까이 재단이 있다. 1970년에 창설된 이 재단의 산하에는 행정사무국, 재가신도 협동 센터, 시청각 센터, 교육 및 도덕훈련 센터, 사회봉사 센터 등 다양한 부서가 있다. 1980년 초 이래 탐마까이 운동은 중산층뿐만 아니라 원로승려들로부터 후원을 받고 부와 세력면에서 급속한 성장을 하였다.

1980년대에 탐마까이는 사회 중산층의 생각과 일치하는 불교를 만들려고 시도했다. 그들이 직면한 일상 문제에 대한 해답을 제공해 주고자 한 것이다. 현재 탐마까이 운동은 도시인들에게 산림명상의 경험을 제공함으로써 많은 지지를 받고 있다. 이 운동은 영적인 개발뿐만 아니라 물질적인 증진을 가져다준다는 신념을 심어주고 있다. 탐마까이는 중산층, 학생, 사업가 뿐 아니라 군장성, 은행간부, 왕족을 포함하는 여러 지지세력을 확보하고 있다. 탐마까이 추종자들은 명상을 통해 "학생은 더욱 공부를 잘하고 사업가는 더욱 더 사업에 성공할 것이다"라고 믿는다.

하지만 탐마까이가 제공하는 것이 진정한 종교의 가르침인지에 대한 의문이 제기되곤 한다. 탐마까이에 대한 가장 중요한 비난 중 하나는 상업성이다. 탐마까이의 막대한 경영에 쓰이는 자금은 다음 생에 좀 더 나은 삶을 보장한다는 명목 하에 신도들을 설득하여 나온 기부금이다. 전 총리인 큭릿 쁘라못คึกฤทธิ์ ปราโมชว과 영향력 있는 비평가들은 탐마까이와 정치, 경제와의 관계에 대해 의문을 제기하였고 탐마까이가 제공하는 종교의 즐거움에 대해서도 비난하였다. 큭릿은 "탐마까이 사원은 행복

루엉 퍼 쏫

을 파는 오락시설이나 레저 공원처럼 실제로는 '종교적 즐거움'을 파는 사업을 한다"라고 비난했다.

교리의 주요 내용

탐마까이 운동은 그 명칭처럼 명상을 통해서 자신의 몸속에서 부처의 육체 ธรรมกาย를 발견할 수 있다는 것을 강조하고 있다. 현재 가장 잘 알려진 탐마까이의 명상법은 루엉 퍼 쏫에 의해 만들어졌다. 탐마까이는 인간에게는 명상을 통해 나타나는 영적 육체가 존재한다고 주장한다. 이를 보기 위해 배꼽 위 손가락 두 마디 높이 위치에 의식을 집중하도록 권유하고 있다. 인간의 몸속에 여러 층의 몸이 존재하며 그 중 가장 정교한 몸은 흰 연꽃과 함께 나타나는 불상의 형태를 띈 아홉번째 몸이고 이것이 우리를 열반으로 이끄는 탐마까이라고 가르친다. 지금까지 '탐마까이는 이단이 아닌가' 라는 의문이 수 차례 제기 되었지만 오늘날 태국에서 가장 번창하는 불교운동이 되고 있음도 사실이다.

탐마까이 사원

브라만교

1. 브라만교의 도입과 발전

태국 문화를 이해하기 위해서는 불교뿐 아니라 브라만교에 대한 이해가 필수적이다. 타이 족이 1238년 크메르 제국의 속국 지위에서 벗어나 세운 쑤코타이 왕국의 3대 왕인 람캄행 대왕은, 크메르 브라만교의 영향력을 불식시키고 독립을 확고히 할 목적으로 스리랑카로부터 남방 상좌부불교를 도입해 불교 왕권을 확립했다. 그러나 이어서 아웃타야 왕국을 건립한 라마티버디 1세는 절대왕권을 강화하고자 하는 정치적 목적으로 브라만교를 적극적으로 정치에 이용하게됨으로써 브라만교는 사실상 불교와 혼합되어 발전되기 시작했다. 이후 랏따나꼬씬 왕국의 몽꿋 왕이 탐마윳 니까이를 만들어 불교의 근대화를 추진하면서 브라만교는 쇠퇴하기 시작했으며, 아웃타야 왕조 때부터 랏따나꼬씬 왕조 중기까지 존속했던 많은 수의 브라만 사제들은 1932년 입헌혁명 후 크게 줄었다. 현재 태국 국민의 95%이상은 불교도이며 승려 수는 30만 명 이상이나 되지만, 브라만 사제의 숫자는 십수 명 정도로서 왕실 관할 하에서 관련의식을 집행하고 있을 뿐이다. 그럼에도 불구하고 아직까지 브라만교는 왕실부터 서민에 이르기까지 영향을 미치고 있으며 태국문화 형성에 기여하고 있다.

브라만교의 영향을 뚜렷이 살펴 볼 수 있는 것은 관련 행사, 사원의 벽화, 조각물에 나타나고 있는 힌두신 들이나 신화 창조물 등을 통해서이다. 특히 쑤코타이 이래 오늘날까지 왕국의 수호신을 힌두교의 3대신인 브라흐마신Brahma, 비슈누신Vishnu, 시바신Shiva 중 하나인 비슈누신으로 삼고 있으며

브라만 승려

왕국의 문장을 비슈누신의 화신인 크룻ครุฑ, Garuda으로 정하고 있는 데서도 브라만교의 영향력을 살펴 볼 수 있다.

2. 브라만과 의식

1) 브라만

태국의 브라만 승려Brahman, 婆羅門는 불교 승려들과 같이 삭발하지 않으며 머리를 뒤로 묶고, 랏차빠땐ราชปะแตน, 긴소매의 하얀 색 상의이라고 하는 상의를 착용하고 있다. 하의로는 흰색의 파 쫑끄라벤ผ้าโจงกระเบน을 착용하고 흰색 양말과 흰색 구두를 신고 의식을 집행한다.

브라만의 심볼은 고동이다. 브라만은 의식 때 혼령을 부르기 위하여 고동을 불고 징을 친다. 고동은 성수를 부을 때 국자로도 사용되고 있다.

2) 브라만 의식

프라랏차피티 짜롯프라낭칸랙나콴 พระราชพิธีจรดพระนังคัลแรกนาขวัญ

이 의식은 매년 5월 초에 싸남 루엉สนามหลวง에서 거행되는데 성우聖牛에게 수 종류의 곡물을 먹이고 먹는 순서에 따라 어떤 곡물이 풍작인가를 점치는 의식이다.

시바신의 의식

시바신의 대지 방문을 축하하는 의식으로 4명의 브라만 승려가 큰 그네(Giant Swing, เสาชิงช้า)를 타고 의식을 거행한다. 싸오칭차라고 부르는 그네는 방콕의 쑤탓 사원(วัดสุทัศนเทพวราราม) 앞에 있는데 브라만 의식이 행해지는 곳이며, 관광명소이기도 하다.

사회적 의식

브라만이 참가하는 일반 사회적 의식으로는 정령을 숭배하고 무사를 기원하기 위한 의식, 결혼식, 싼 프라품(ศาลพระภูมิ, 토지신의 사당)의 설치식, 건물의 정초식, 낙성식, 새로운 큰 기재(공장의 대형 기계, 항공기, 선박 등)를 구입할 때의 의식, 출가 축원의식 등이 있다.

이런 의식이 거행될 때 브라만 승려들은 식장의 네 모퉁이에 바나나 잎 사귀를 꽂아 두고 결계(結界, 승려와 속인과의 자리를 나눔)를 표시하는 성스러운 싸이씬을 둘러 친 후, 천계로부터 혼령을 지상으로 부르고 많은 공물을 바쳐 혼령을 달래 무사를 기원하다. 이 때 공물로 사용되는 것은 돼지머리, 물고기,

큰 그네(Great Swing)

새, 과일, 꽃, 선향, 양초 등이다. 이러한 의식에는 브라만 승려뿐 아니라 불교 승려들도 함께 참가하여 의식을 분담하게 된다.

태국 사회에서 브라만교와 관련하여 빼놓을 수 없는 또 다른 의식은 통과의례의 일종인 꼰 쭉โกนจุก 의식이다.

3. 독특한 신화 속 창조물

태국에서는 힌두신이나 신화 속에 나오는 독특한 가공의 창조물들이 왕궁이나 사원의 건축장식, 벽화, 칠기상자나 가구 등에 그려져 있는 모습을 많이 볼 수 있다.

비슈누신

1) 힌두교 신들

힌두교의 우주에는 다양한 신들이 있으며 그 신들이 거주하는 산을 수미산須弥山, Mount Meru 이라고 한다. 힌두교나 불교세계에서는 이 산 구릉의 경사진 곳에 신화에 기초를 둔 많은 신과 동물 등이 살고 있었다고 한다.

그 중심에는 힌두교의 3대신이 있다. 힌두교에서는 이 신들이 이성異性의 배우신과 함께 있으면 그 힘을 더 발휘할 수 있다는 믿음에 따라 배우신을 정해 두고 있을 뿐 아니라 그들의 탈 것乘도 결정해 두고 있다.

예를 들어 태국의 수호신인 비슈누신의 경

우를 설명하면 다음과 같다. 비슈누신은 4개의 손을 갖고 있으며 오른 손에는 장식용 곤봉을, 왼손에는 연꽃을, 뒤쪽 오른 손에는 법륜法輪, จักร을, 뒤쪽 왼손에는 고동을 쥐고 있으며 크룻이라는 새를 타고 있다. 또한 비슈누신은 부와 행운과 풍요의 여신인 락슈미Lakshmi라는 아름다운 여신을 배우신으로 삼고 있다.

태국에서는 비슈누신을 매우 중요하게 여기는데, 그 이유 중 하나는 부처가 비슈누신의 화신이며 라마Rama, 인도 서사시 라마야나의 주인공도 비슈누신의 화신이라고 여기고 있기 때문이다. 라마는 비슈누신 최초의 인간 화신으로서 라마끼안รามเกียรติ์ 이야기의 영웅이며 태국에서 가장 잘 알려진 신화상의 인물이다. 태국의 현 왕조인 랏따나꼬씬 왕조의 역대 왕들은 라마라는 명칭으로 불리며 오늘날의 푸미폰 국왕은 라마 9세로 불린다. 라마는 비슈누의 화신이기 때문에 현 국왕도 비슈누의 화신이 되는 것이다.

2) 신화 속의 동물들

힌두교와 불교의 신화에는 많은 가공의 동물들이 등장하고 있다. 그 모티브는 대부분 동물, 새, 인간 등이며 힌두교적 이념에 근거하여 예술적으로 창작한 가공적인 것들이다. 이러한 동물 중 대표적인 것이 크룻이다. 크룻은 산스크리트어로 신의 새라는 의미인데 비슈누의 탈것이며 동시에 화신이 되고 있다.

반은 새, 반은 인간의 형상을 갖는 낀나

낀나리

하누만

리กินรี, 암컷와 낀넌กินนร, 수컷은 백조와 인간의 합작품으로 벽화나 고문서, 전통 회화에서 많이 볼 수 있다.

낙นาค, naga은 인도의 신화에 나오는 큰 뱀 또는 용으로 크메르 미술에 많이 등장한다. 부처의 전기에 따르면 부처가 깨달은 지 35일이 지나 나무 아래서 좌선을 하고 있을 때 비가 내리자, 근처 연못에 살고 있던 낙 뱀 왕은 앉아 있던 부처 둘레에 똬리를 틀고 앉아 7일간 비로부터 부처를 보호했다고 한다. 낙의 상은 크메르 양식의 석조 사원, 아웃타야 왕조, 랏따나꼬씬 왕조때 건립된 사원의 주위 난간 등에서 많이 눈에 띄고 있다.

낙

흰 원숭이 하누만Hanuman은 악인을 징벌하는 라마끼안의 주인공이다. 하누만은 왓 프라깨우วัดพระแก้ว, วัดพระศรีรัตนศาสดาราม, 왓 포 วัดเชตุพนวิมลมังคลาราม, วัดโพธาราม를 위시하여 많은 사원 벽화에 상세하게 그려져 있으며 중국에서는 서유기에 나오는 손오공의 모델이 되기도 했다.

낀넌

애니미즘

불교와 브라만적 요소로 표층을 덮고 있는 태국인의 신앙 체계의 기저에는 전통적인 애니미즘animism이 자리 잡고 있다. 태국의 애니미즘은 피ผี, 精靈와 콴 ขวัญ, 生靈으로 나눌 수 있다.

1. 피 ผี, 精靈

태국 사회에는 정령·악령 등의 대단히 광범위한 초자연적 존재를 총칭하는 피라는 개념이 있는데, 친족·토지·자연물·악령과 관련된 여러 종류가 있다.

1) 조상신

태국인은 조상의 영혼이 일정 기간 동안 이 세상을 맴돌면서 자손의 안녕과 복지를 지켜준다고 믿고 있다. 이 조상신은 피 반파부룻ผีบรรพบุรุษ 또는 피 뿌야따야이ผียาตายาย라고도 통칭되며 자손들은 일상적으로 이러한 조상신에 대해서 제사를 지낸다. 중부 태국에서는 조상에 대한 제사를 주술불교의 방식에 따라 행하고 있으나, 북부 지방에서는 불교적 색채가 약하고 조상에게 제사 지내는 사당을 만들어 닭·돼지 등을 제물로 바치며 제사를 지내고 있다.

2) 토지신

태국에는 어느 곳을 가나 싼 프라품ศาลพระภูมิ이라고 부르

싼 프라품

는 작은 사주(祠柱)가 세워져 있는데 제사를 지내는 대상은 그 땅의 주인이라고 여기는 짜오 티เจ้าที่이다. 촌락의 토지 수호신을 모시는 짜오 티의 사당과 도시의 수호신 짜오 락 므엉เจ้าหลักเมือง을 모시는 사당도 있는데, 전쟁·화재·질병 등의 사회적 위기를 당했을 때 이들에 대해서 제사를 지낸다.

3) 자연물과 관련된 피

태국인들은 자연물에도 피가 존재한다고 믿고 있다. 예를 들면 물의 정령은 피 남ผีน้ำ이고 삼림의 정령은 피 빠ผีป่า라고 부른다.

4) 악령

신중하게 대하지 않으면 인간에게 해악을 미치는 피도 있다. 태국인들은 사고나 산고사(産苦死) 등 불행한 죽음을 당한 사람의 혼령은 일정 기간 이 세상에 머물면서 사람들에게 해를 끼친다고 생각한다. 예를 들면 산고로 사망한 여성의 혼령은 피 프라이ผีพราย라고 부르는 악령이 되어서 누구에게 해를 끼칠지 모른다. 피 끄라쓰ผีกระสือ라는 추한 노파의 형상을 한 혼령은 인간의 머리나 내장을 즐겨 먹으며 밤에는 인간의 배설물을 찾아서 헤맨다.

2. 콴ขวัญ, 生靈

태국 사회에는 태어난 지 얼마 안 된 어린이는 피의 자식이라는 민간 신앙이 있다. 피의 모습과 유사하게 만들어진 물질이 어머니의 태내에 들어가서 회임되어 생후 3일까지는 피의 자식이 되며 4일이 지나서야 처음으로 인간의 자식이 된다고 생각한다. 또 태어나서 바로 사망한 자식은 피가 데려 갔다고 생각해 피를 속이기 위해 자식들에게 개, 돼지, 물소 등의 별명을 붙이기도 한다.

한편 피로부터 벗어난 자식에게는 콴이라고 불리는 생령이 깃든다고 믿는다. 인간의 눈, 코, 입, 귀, 가슴 등에 32개의 콴이 있는데 콴이 체내에 있으면 건강하고 없으면 병이 들어 죽게 된다고 믿어 콴을 강화시키기 위한 노력을 많이 한다. 어린이가 열이 나고 경련을 일으키면 콴이 도망간다고 생각해 스푼이나 국자로 공중에서 콴을 떠올려ตักขวัญ 어린이의 체내에 되돌려 놓고 성사聖絲를 손목이나 발목에 둘러 콴을 묶어 두게 된다ผูกขวัญ. 이 같이 콴을 강화하는 의식을 탐 콴ทำขวัญ이라고 부르며 인생의 중요한 통과의례로 생각한다.

1. 탄생 후 4일의 탐 콴– 신생아가 피로부터 벗어나는 기간이며 친족만이 모여서 탐 콴 의식을 행한다.
2. 탄생 후 1개월의 탐 콴– 생후 1개월이 되면 친족이나 지인을 초대하여 성대한 탐 콴 의식을 행한다. 이때 어린이의 솜털을 깎는데 머리 위 일부분은 그대로 놓아둔다. 그 이유는 머리 위의 가운데로부터 콴이 도망가는 것을 방지하기 위한 것이다.
3. 어린이가 11세 또는 13세가 되면 탐 콴을 행하여 길러 놔았던 머리를 깎는다. 이 의식은 성숙을 축하하는 의미를 갖는다.
4. 득도식得度式 전날의 탐 콴 낙ทำขวัญนาค– 승려 희망자นาค가 콴을 강화할 목적으로 행하게 된다.
5. 결혼식의 탐 콴– 결혼식에 브라만 승려가 초빙되어 신랑, 신부에 대한 탐 콴 의식을 행한다.
6. 성인이 된 후의 탐 콴– 성인이 된 후 긴 여행의 전후, 전쟁 출정 전후, 오랜 병 치레의 끝, 사회적 지위가 변할 때 등 인생의 고비에 탐 콴 의식을 행하게 된다.

콴은 원래 인간의 생령이지만 인간과 친숙한 가축, 곡물, 집, 탈 것 등에 대해서도 확대 적용되어 탐 콴 의식이 행해지기도 한다.

기타 종교

태국 인구의 대다수는 상좌부불교도이나 이슬람교, 기독교, 힌두교, 시크교, 유교 등의 종교를 믿는 사람들도 있다.

1. 무슬림

타이 무슬림은 중국, 파키스탄, 캄보디아, 방글라데시, 말레이시아, 인도네시아 등지에서 이주해 왔지만 3분의 2는 말레이계이다. 타이 무슬림들은 대개 남부 지역 11개 지방에 걸쳐서 거주하고 있으며, 2010년 인구 통계에 의하면 그 수는 341만 명이다. 이 중 80%는 나라티왓นราธิวาส, 빳따니ปัตตานี, 쏭클라สงขลา, 얄라ยะลา, 싸뚠สตูล에 살고 있다. 이 지방들은 대부분 무슬림의 비율이 68~82%에 달한다. 이 중 쏭클라만은 나라티왓, 빳따니에 이어 세번째로 큰 무슬림 인구를 갖고 있으나 전체 인구수의 25%에도 못 미친다. 나라티왓, 빳따니, 얄라에서는 말레이어가 주 언어이며, 이곳은 종교·언어적으로 서부 말레이시아의 말레이족과 유사하다.

타이 무슬림들의 20% 정도는 남부가 아닌 다른 지방에 거주하고 있다. 남부의 무슬림과 달리 이들은 태국인으로서의 정체성을 갖는다. 방콕 톤부리에는 이슬람 대학the Islamic College of Thailand도 있는데 이곳에서는 종교적 다원주의를 중시할 것을 가르친다.

무슬림의 대부분은 수니파Sunni이

다. 태국 정부는 국가통합 측면에서 무슬림들에 대해 많은 관심을 갖는다. 국왕은 코란Koran을 타이어로 번역하도록 지원하기도 하고 매년 국왕이나 그의 대리인들은 선지자인 무함마드Muhammad의 탄신을 축하하는 의식도 주재한다. 국왕은 이슬람에 관련된 문제를 취급하는 무슬림 종교 지도자 쭐라랏차몬뜨리จุฬาราชมนตรี를 임명하고, 정부에서는 건물을 짓거나 모스크mosques를 보수하기 위한 자금을 지원한다.

무슬림이 많이 거주하고 있는 남부 지방에는 중요한 무슬림 축제 때 무슬림 공무원들에게 휴가를 갖도록 허가하며, 무슬림 성일인 금요일은 반공일로 정하고 있다. 이곳에서의 가정문제나 상속사건은 무슬림 종교판사가 코란법에 따라 판결하기도 한다.

무슬림에 대한 정부의 다양한 국가통합 노력에도 불구하고 남부지역에서는 끊임없이 분쟁이 발생해 왔으며, 이런 현상은 특히 2004년 이래 두드러졌다. 무슬림들은 궁극적으로 태국으로부터의 분리독립을 원하고 있는데 과거에 이 지역에는 빳따니왕국이 세워져 있었다.

빳따니 왕국은 13세기에 동남아에서 가장 먼저 이슬람을 수용하였으며 남중국해를 끼고 해양무역의 중심지 역할을 했으나 17세기에 접어들면서 태국에 조공을 바치기 시작했다. 태국이 1902년 빳따니 왕국을 무력 병합하고 1909년 말레이반도 식민종주국인 영국과 방콕조약을 체결해 국경선을 확정하면서 빳따니 왕국은 역사 속으로 사라졌다. 빳따니 왕국은 제2차 세계대전 때 일본의 동맹국인 태국에 저항하면서 영국으로부터 전후 독립을 보장받기도 했으나 영국은 약속을 지키지 못하고 말레이반도를 떠나버렸다. 그때부터 빳따니는 태국 정부에 맞서 자치와 독립을 요구해왔다.

이후 타이 무슬림에 대해서 태국 정부는 강온 양면의 동화정책을 실시했다. 하지만 2004년 빳따니, 얄라, 나라티왓에서 심각한 소요사태가 발생해 계엄령이 선포되기에 이르렀고, 2014년까지 6,000명 이상의 사망자가 발생했다. 태국 남부지역에서 이슬람 분리주의자들과 연계된 폭력과 긴장은 오랜 역사를 지녔지만, 2003년까지는 비교적 낮은 수준에 머물렀다.

2. 기독교도

기독교는 16~17세기에 유럽의 선교사들에 의해서 태국에 도입되었다. 초기의 카톨릭 선교사들은 후일 장로교·침례교·안식교Seventh-Day Adventist의 프로테스탄트와 합류하게 되는데, 이들의 개종 대상은 주로 중국인과 같은 소수종족이었으며 태국인 개종자들은 소수였다. 카톨릭과 기독교인은 전체 인구의 1%에 못 미친다.

하지만 역사적으로 기독교가 태국사회에 기여한 바는 적지 않다. 몽꿋왕은 기독교 선교사로부터 영어와 라틴어를 배웠으며, 승려 생활 중에는 그의 사원에서 선교사들이 가르치는 것을 허락하기도 했다. 기독교인들은 서구식 의술을 도입하여 최초의 천연두 왁씬을 만들기도 하고 서구 의술을 익히게 되는 최초의 의사들을 훈련시켰으며 태·영사전과 인쇄소를 만들기도 했다.

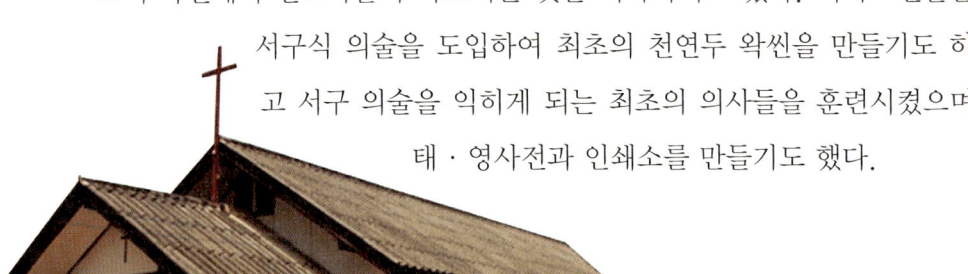

태국 교회

3. 대승불교도

태국의 대승 불교도들은 주로 중국인과 베트남인이다. 중국인 승려들은 오렌지색 재킷과 바지를 착용하여 상좌부불교 승려들과 쉽게 구별된다. 그들은 엄격한 채식주의자들이며 사원에서 만든 음식만을 먹는다. 베트남 승려들은 중국인 승려와 같은 복장을 하고 있으나 특별히 음식을 먹는 규정이나 아침의 탁발 의식 등에 얽매이지 않는다.

태국에 있는 중국식 사원

4. 힌두교와 시크교도

태국에 거주하는 인도인들은 힌두교도Hinds와 시크교도Sikhs로 나

태국 시크교도

뉜다. 태국에 거주하는 힌두교도는 52,631명2005년이다. 태국에는 힌두교도와 불교도가 같이 예배를 보는 브라만 신전도 있다. 힌두교도들은 자신들의 학교를 운영하고 있는데 태국식 교육체제를 따르고 있지만 타이어뿐 아니라 힌디어, 산스크리트어, 영어도 가르친다. 주로 방콕에 거주하고 있는 시크교도들은 1900년대 초반 이주해 와 톤부리 지역에 거주하기 시작했으며 대부분 소매상을 경영하고 있다.

태국의 문화 속으로

5

불상과 스투파stupa

1. 타와라와디ทวารวดี 양식6~12세기

오늘날 중부 태국에 위치했던 타와라와디 왕국의 수도는 나컨 빠톰 นครปฐม과 쑤판부리จังหวัดสุพรรณบุรี의 우텅อู่ทอง군 부근으로 추정되며 주민 대부분은 먼มอญ 족이었다. 왕국 초기에는 상좌부불교가 지배적인 종교였으며 후기에 대승불교가 도입되었다. 불상과 법륜法輪은 주로 석회암으로 만들었다. 이 시기 불상 모습은 말기에 가까워질수록 크메르의 영향을 받게 된다.

중요한 스투파สถูป는 정방형의 불단佛壇위에 벽돌을 쌓아 만든 나컨빠톰의 쩨디 쭐라쁘라톰เจดีย์จุฬาประถม과 8각형의 불단 위에 만든 쑤판부리 우텅군 쩨디등에서 찾아 볼 수 있다.

쩨디 쭐라쁘라톰

2. 씨위차이ศรีวิชัย 양식8~12세기

씨위차이 왕국은 자바에서 태국 북부까지 확대된 강력한 해상왕국으로 수도는 수마트라Sumatra의 팔렘방Palembang 부근에 있었다. 그러나 많은 유물들이 태국의 남부 차이야ไชยา에서 발견되고 있어서 어떤 학자들은 이 왕국의 수도가 차이야에 있었다고 주장하고 있다.

이곳은 청동 관음보살상Bodisattva Avalokitesvara이 유명하다. 나가naga 밑에 앉아 있는 후어 위양หัวเวียง 사원불상도 유명한데 이는 크메르의 영향을 받은 것으로 보인다. 중요한 스투파는 차이야와 나컨씨탐마랏에 있는 프라 버롬 탓พระบรมธาตุ이 있다. 이들의 형태는 유사하며 작은 베란다, 층층으로 쌓인 지붕 모양을 갖는 정방형의 구조를 하고 있다.

3. 롭부리ลพบุรี 양식 7~14세기

태국 내 크메르의 예술품들을 롭부리 양식이라고 부른다. 롭부리는 태국내의 크메르 제국의 중심지가 되어 왔기 때문이다.

롭부리 불상은 권위주의적인 모양을 하고 있다. 그 모양은 평평한 사각형의 얼굴, 일직선의 눈썹, 나가에 둘러싸여 왕관을 쓴 것 등이다.

롭부리 시대에 가장 눈에 띄는 종교적 건축물은 쁘랑ปรางค์, ปราสาท이다. 이 중 유명한 것은 부리남 지방에 있는 쁘라쌋 므엉땀ปราสาทเมืองต่ำ, 쁘라쌋 파놈 룽ปราสาทพนมรุ้ง, 피마이พิมาย 지방의 쁘라쌋 힌 피마이ปราสาทหินพิมาย, 롭부리 지방의 프라 쁘랑 쌈엿พระปรางค์สามยอด 등이다.

> 프라 버롬 탓 차이야

태국의 불탑은 다양한 종류가 있는데 대체로 종 모양의 싱하리즈Singhalese 스투파와 옥수수 모양의 롭부리 스투파쁘랑로 나눌 수 있다.

4. 치앙쌘เชียงแสน 양식 11~18세기

이 기간 중 타이 족은 오늘날의 태국 북부지방에 고유의 왕국을 세우게 되었으며, 치앙쌘เชียงแสน 또는 란나라고 불리는 양식은 순수 태국 예술의 시작이었다고 볼 수 있다.

불상의 모양은 전기와 후기에 따라 달라지는데 후기로 갈수록 쑤코타이 양식의 영향을 많이 받았다.

치앙쌘 양식 불상

또 란나 왕국 멩라이เม็งราย, มังราย 왕이 1292년 치앙마이를 건설한 이래, 건축물들은 쑤코타이의 영향을 받게 되는데 스투파의 모양은 각 모서리가 톱니바퀴같이 패여 있는 높은 불단 위에 건축된 둥근 형태다. 또한 이 시대에는 쑤코타이 뿐 아니라 씨위차이, 타와라와디, 버마 예술의 영향도 찾아 볼 수 있다.

5. 쑤코타이สุโขทัย 양식 13세기 말~15세기 초

쑤코타이 불상은 다른 어떤 시기보다도 태국 고유의 특성을 지니고 있으며, 걷는 불상 Walking Buddha이 만들어져 독립국가의 진취성을 나타내 보였다. 불상의 특징은 화염모양의 머리, 곱슬곱슬한 작은 머리카락, 아치형의 눈썹, 길고 가느다란 코, 은은한 미소, 마른 몸, 넓은 어깨이다. 또 가사는 좌측어깨에서 배꼽까지 드리워져 있으며 V자형의 새김눈으로 마무리된다.

스투파는 3가지 종류로 나뉜다. 쑤코타이 양식의 스투파는 크메르의 쁘랑을 모방했지만 스리랑카의 전통에 따라 둥글거나 종 모양을 한 스투파도 있으며 씨위차이 형식의 것도 있다.

걷는 불상(Walking Buddha)

6. 우텅ู่ทอง 양식 12~15세기

우텅 예술은 짜오프라야 강 유역의 중부 태국에서 발달되었는데 타와라와디, 롭부리, 쑤코타이 스타일이 혼합된 양식이 성행했다.

불상은 세 가지 스타일이 있다. 초기인 12~13세기에는 타와라와디와 롭부리또는 크메르의 영향력이, 중기인 13~14세기에는 크메르의 영향력이, 후기인 14~15세기에는 쑤코타이의 영향력이 강하게 나타나고 있다. 불상의 모양은 쑤코타이의 것과 비슷하나 이마 위에 선이 그려져 있다.

이 시기의 대표적인 스투파 중 하나는 차이 낫의 프라 버롬 탓พระบรมธาตุชัยนาท을 들 수 있는데, 씨위차이와 쑤코타이 양식이 혼합된 것으로 각 모서리에 작은 스투파들이 배치되어 있고 4개의 베란다와 정방형의 불단을 갖는 스리랑카 형태의 둥근 스투파이다.

7. 아윳타야ｱﾕﾄﾞﾔｱ 양식 15~18세기

초기 아윳타야의 예술은 우텅의 것을 모방했으나 15세기에 뜨라이록까낫 왕 즉위 후 쑤코타이의 영향력이 나타나기 시작했으며 이후에는 아윳타야 고유의 양식이 나타나기 시작했다. 하지만 17~18세기에는 크메르 양식이 도입되었다. 그래서 불상도 왕관을 쓰고 있는 권위주의적인 것들이 유행했다.

아윳타야의 스투파도 시기에 따라 건축양식이 다르게 나타나고 있는데 우텅 양식의 대표적인 것은 왓 풋타이 싸완วัดพุทไธสวรรย์·왓 프라람วัดพระราม·왓 랏차부라나วัดราชบูรณะ 등에서, 쑤코타이 양식의 예는 왓 프라씨싼펫วัดพระศรีสรรเพชญ์·왓 야이차이몽콘วัดใหญ่ชัยมงคล에서, 크메르 쁘랑 양식은 왓 차이왓타나람วัดไชยวัฒนาราม에서 찾아 볼 수 있다.

아윳타야 양식의 불상

8. 랏따나꼬씬รัตนโกสินทร์ 양식 18세기말~20세기

왕국 초기에는 쑤코타이, 우텅, 아윳타야의 불상들이 방콕으로 옮겨져 사용되었으며 각 모서리가 패여 있는 정방형의 쁘랑과 스투파가 건축되었다. 라마 3세 때는 스리랑카 스타일의 둥근 스투파에 관심을 갖기 시작했는데 이는 방콕에 있는 왓 버원니웻 사원วัดบวรนิเวศวิหารราชวรวิหาร에서 찾아 볼 수 있다. 라마 4세 때는 아윳타야 말기의 스투파에 관심을 가졌으며 중요한 스투파들왓 포วัดโพธิ์, 왓 프라깨우วัดพระแก้ว 등은 아윳타야의 것들을 모방했다.

랏따나꼬신 양식의 불상

왓 포의 와불상

사원의 구조

태국의 사원วัด은 보통 두 개의 벽을 통해서 외부와 분리된다. 외벽外壁과 내벽內壁 사이에는 승려들이 숙식하는 승방กุฏิ이 있는데 이 공간을 쌍카왓สังฆาวาส이라고 한다.

내벽 안의 공간은 풋타왓พุทธาวาส이라고 하는데 속세와 분리된 부분을 의미하며 기도와 명상이 이루어지는 공간이다. 이 공간의 가장 성스러운 지역을 봇โบสถ์, อุโบสถ이라고 한다. 이곳은 8개의 경계석 바이쎄마ใบเสมา, สีมา로 둘러싸인 성스러운 지역인데, 경계석 밑에는 룩니밋ลูกนิมิต이라는 직경 25cm 정도의 돌이 묻혀 있다. 바이쎄마는 속세와의 단절을 의미한다. 봇은 높은 벽을 갖는 큰 직사각형의 건물이며 급격히 경사진 지붕을 갖고 있다. 지붕의 양쪽 각 끝에는 처화ช่อฟ้า가 장식되어 있는데 머리를 위로 치켜든 낙นาค의 모양을 하고 있다. 봇 내부에는 불상이 안치되어 있으며 보조적인 조각상들이 있다. 내벽에는 차독ชาดก, 本生譚이나 불교와 힌두교 우주론의 여러 가지 장면을 묘사한 벽화가 있으며 이러한 벽화는 승려들의 명상에 기여하게 된다.

사원 내벽 안의 또 다른 중요 건물은 위한วิหาร이라고 한다. 어떤 사원은 한 개 이상의 위한이 있는 경우도 있다. 위한에도 주요한 불상이 안치되어 있으나 위한 주위에는 바이쎄마가 없다는 것이 봇과의 뚜렷한 차이이다. 또한 위한은 봇보다 일반적인 목적으로 사용되며 봇과 달리 문이 거의 닫혀 있지 않다.

내벽 안에는 많은 건축물이 있는데 쩨디เจดีย์도 이들 가운데 하나이다. 이곳에는 부처의 성스러운 유물이 들어 있으나 경우에 따라서는 승려, 귀족,

불심이 돈독한 재가신도들 유골의 재를 보관하기도 한다. 내벽 안에는 불경을 저장하고 있는 도서실 허뜨라이หอไตร도 있다. '허'는 건물이라는 의미이며, '뜨라이'는 뜨라이 삐독ไตรปิฎก, 三藏, พระวินัยปิฎก, พระสุตตันตปิฎก, พระอภิธรรมปิฎก을 가리키는 것으로 허 뜨라이는 삼장을 보관하는 건물을 뜻한다. 몬돕มณฑป은 정사각형 모양의 건물로 첨탑이 올려져 있거나 십자형 지붕을 하고 있는데 경전이나 경배의 대상이 되는 물건이 들어 있다. 시간을 알리거나 위험을 경고하는 종루หอระฆัง와 휴식을 위한 정자인 쌀라ศาลา도 내벽 안에 있다.

사원의 구조

회화

태국의 회화는 불교 포교의 수단으로서 다음과 같은 주제를 많이 묘사했다.

1. 차독ชาดก

차독

이 이야기는 부처 전생의 이야기本生譚로 태국에는 이 중 최후의 10가지 이야기ทศชาติ를 묘사하여 테마로 삼은 것이 많다. 석가가 싯달타 왕자로 태어나 중생을 구제하기 위하여 필요로 했던 도덕적 미담 10가지거부, 용기, 애정, 결심, 분별, 인내, 영원, 평정, 정직, 자선를 주요한 내용으로 삼고 있다.

2. 뜨라이 품 프라루엉ไตรภูมิพระร่วง

뜨라이 품 프라루엉

불교 우주관에 따라 세 개의 세계천국, 현생, 지옥를 묘사한 이야기이다. 인간은 전생에 지은 업에 따라 이 중 한 곳에서 태어난다고 한다. 이 작품은 쑤코타이 왕조의 리타이왕이 처음으로 저술했는데 인간의 행복과 사회·경제적 지위는 업과 선행·악행으로 결정된다는 가르침을 통해 왕권과 사회질서에 정당성을 부여하는 역할을 했다.

3. 라마끼안 รามเกียรติ์

인도의 고전 서사시인 라마야나 Ramayana 이야기를 태국식으로 편찬한 것으로 권선징악의 주제를 다루고 도덕관념을 가르치고 있다. 마하바라타 Mahabharata 와 함께 세계 최장편의 서사시로 알려져 있다. BC 3세기경 발미키 Valmiki 의 작품이라고 전해지며, 그 기원은 BC 11세기까지 거슬러 올라간다. 수많은 태국본이 있었지만 1767년 아웃타야가 버마에 의해 멸망당할 때 소실되었으며 현재는 라마 1세와 2세 때의 것이 널리 알려져 있다. 현 왕조의 왕들이 라마 Rama 라는 명칭을 세습할 정도로 이 작품은 태국의 정치·사회·문화에 큰 영향을 미쳤다.

라마끼안

음악

타이 족의 음악은 13세기 쑤코타이 시대부터 인도·중국·크메르 문화의 영향을 받았으며, 아웃타야 시대부터 독자적인 형태로 발전되어 왔다.

1. 음악의 종류

1) 고전음악

캔

고전음악은 아웃타야 시대 궁정에서 콘โขน, 가면극, 라컨ละคร, 무용극 등과 함께 발전되었다. 반수는 삐팟ปี่พาทย์이라고 불리는 오케스트라가 담당한다. 태국의 전통적인 오케스트라는 세 가지 종류가 있다. 삐팟은 실로폰 중심의 오케스트라이며, 크르엉싸이เครื่องสาย는 현악기 중심, 마호리มโหรี는 이 두 가지를 혼합한 확대된 오케스트라이다.

2) 민속 음악

중부, 북부, 동북부, 남부, 고산족 등은 여러 가지 고유의 민속 악기를 이용하는 전통을 이어왔다. 특히 동북부 지방의 음악은 템포가 빠른 것이 많다. 캔แคน, 대나무 파이프, 뽕랑โปงลาง, 대형 실로폰, 각종 드럼이 만들어 내는 음색은 독특한 리듬을 만들어낸다.

뽕랑

2. 고전악기

타이 족은 원래 놀기를 좋아하는 명랑한 성격의 사

람들이었다. 쑤코타이 왕국 비문에는 타이인들이 항상 노래를 부르고 악기를 연주했다고 기록되어 있다. 태국문화는 중국문화와 인도문화의 영향을 많이 받았다. 고전악기도 두 가지 문화의 영향을 받으면서 태국식으로 변용되어 발전되어 왔으며 랏따나꼬씬 왕조부터는 유럽문화가 도입되어 서양악기도 수입되었다.

라낫

태국의 대표적인 고전 악기는 라낫ระนาด, 실로폰, 컹웡ฆ้องวง, 타악기, 짜케จะเข้, 현악기, 끄라짭삐กระจับปี่, 4현 현악기, 써쌈 싸이ซอสามสาย, 3현 胡弓가 있다.

컹웡

태국 고전 악기의 명칭은 타이어의 간단한 의성어로 표현된 것이 많고 거기에 외국어가 첨가된 것이 대부분이다. 의성어로 악기 명칭이 만들어진 예로는 끌렁กลอง, 북, 끄랍กรับ, castanets, 칭ฉิ่ง, 작은 징, 삐ปี่, 피리, 클루이ขลุ่ย, 피리, 써쇼, 현악기, 컹ฆ้อง, 타악기 등이 있다.

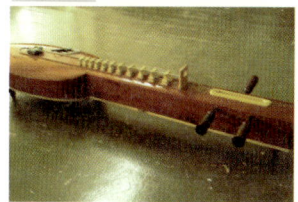

짜케

태국 악기는 저음과 고음을 별도의 악기로 표현하기도 한다. 그것은 라낫류 실로폰 악기에서 현저하게 나타나는데, 고음을 내는 것은 라낫 엑ระนาดเอก이고 저음을 내는 것은 라낫 툼ระนาดทุ้ม이다.

크라짭 삐

고전 악기의 앙상블을 연주하는 악단을 태국에서는 삐팟 오케스트라라고 부르며 기본적으로 라낫 엑, 라낫 툼, 컹 웡야이ฆ้องวงใหญ่, 타악기, 클루이와 삐, 큰 북류의 따폰ตะโพน, 끌렁 탓กลองทัด, 칭 으로 구성되어 있다.

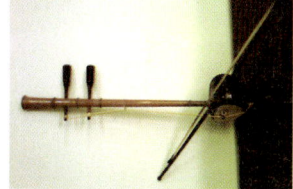

써 쌈 싸이

태국의 문화속으로 | 133

무용과 연극

1. 고전무용과 연극

고전무용은 주로 권선징악을 주제로 삼고 있는 라마끼안을 소재로 한다. 라마끼안은 고대 인도의 대서사시로 인도에서는 라마야나로 불리고 있으며 태국 예술에 지대한 영향을 끼쳤다.

1) 라컨 ละคร, 무용극

라컨은 쑤코타이 시대부터 궁중무용으로 공연되었으며 아웃타야 시대에 확립된 무용극으로, 의상은 보석이나 자수로 장식되어 있는 호화스러운 면직물을 사용한다. 손의 우아한 동작에 중심을 두고 있는 춤은 관능적이며 화려하다. 손동작 하나 하나가 아기자기한 감정을 섬세하게 표현하고 있다. 남성만이 연기하는 것을 라컨 넉 ละครนอก이라하며 궁중 내에서 여성만이 연기하는 것을 라컨 나이 ละครใน라고 부른다. 하지만 지금은 라컨 넉도 남성만이 연기 하지는 않는다.

라컨 넉

라컨 나이

콘

2) 콘 โขน, 가면극

콘은 설명하는 이야기꾼이 독특한 대사로 진행하는 가면극으로 아웃타야 시대부터 발전됐다. 의상은 라컨과 동일하게 호화스러운 면지물이다. 주요한 배역은 색채로 표현되며 누가 선인이고 악인인가가 일목요연하게 나타난다. 예를 들면 라마끼안의 라마 왕은 짙은 녹색, 동생인 락시마나Lakshmana는 금색, 라마의 충실한 부하인 원숭이 하누만은 백색으로 표현된다. 콘에는 4명의 주요 배역남성, 여성, 악마, 원숭이이 등장하며 악마와 원숭이는 가면을 쓴다.

3) 리께 ลิเก

리께는 말레이 무슬림의 종교적 공연에서 태국 평민들을 위한 민속 코미디 예술로 발전했다. 리께는 최근 예술의 한 형태로 인정받고 있으나 식

리께

자층에서는 다소 거칠고 정교하지 못한 리께를 천시하기도 한다. 연기자들이 입는 의상은 보통 왕족·귀족 등이 입는 옷을 모방한 화려한 것이며, 대부분의 남성 연기자들은 무릎까지 오는 흰색의 양말을 신고 있다. 리께의 특징은 말레이 스타일의 의상을 입은 해설자가 스승에게 존경을 표하고 전개될 이야기의 요지를 미리 전달해 준다는 것이다.

4) 낭 หนัง

낭딸룽

낭야이

낭 또는 그림자놀이는 낭 야이 หนังใหญ่와 낭 딸룽 หนังตะลุง 등 두 종류로 나뉜다. 중요한 행사 때만 공연되는 낭 야이는 한 명 또는 복수의 배역을 큰 물소 가죽에 새겨 놓는다. 이것들을 막대기 위에 세워놓고 막대기를 쥔 사람들이 음악이나 대사에 따라 움직이게 된다. 낭 야이를 공연하는 사람들은 모두 남성이며 흰 천으로 만든 스크린의 앞과 뒤에서 움직이게 된다. 낭 야이를 부리기 위하여 동원되는 인원은 보통 10명이며 전통 의상을 입고 있다. 이들 중 제일 나이가 많은 사람이 해설자가 된다. 낭 연극은 아웃타야 왕조 초기에 자바로부터 태국에 도입되었다고 한다.

낭 딸룽은 남부 지방에서 유행하고 있는데 인도네시아와 말레이시아에서 유래한 것이다. 낭 야이와 비교해 낭 딸룽은 크기가 작고 정교하게 조각된 관절로 이어진 팔과 다리로 구성된다.

5) 훈หุ่น

훈 루엉หุ่นหลวง은 궁정에서 행해지는 라컨을 모방한 인형극이다. 라마 5세 때는 아주 작은 인형들을 사용했는데 그것을 훈 끄라벅หุ่นกระบอก이라고 한다. 훈 끄라벅의 손에는 조정해서 춤추게 할 수 있는 마이 따끼압ไม้ตะเกียบ이라고 불리는 오르내릴 수 있는 긴 나무를 붙인다. 가장 대중적인 인형극으로는 프라 아파이마니พระอภัยมณี가 있다.

2. 민속무용

중부, 동북부, 북부, 남부 지방에 지방색이 풍부한 전통적인 각종 민속무용이 있다. 중부 지방에는 람 웡รำวง, 윤무이 발달되었는데 기본적인 손놀림을 사용하는 간단한 무용이며 누구라도 즐길 수 있을 정도로 대중화되어 있다. 람 웡의 가사는 청춘남녀 사이에 구애를 위해 희롱하는 내용을 담고 있다. 북부에는 훤 렙ฟ้อนเล็บ, 긴 모조 손톱을 손가락에 끼고 추는 춤, 웡 티안วงเทียน, 촛불을 들고 추는 춤. 동북부에는 뽕랑이나 캔·끌렁 야우를 사용하는 템포가 빠른 무용이 많이 발달되어 있는데 쓰엉 이싼เซิ้งอีสาน이 대표적이다. 또 남부에는 마노라โนราห์라는 민속무용이 유명하다. 마노라는 줄여서 노라โนรา라고도 한다.

마노라

스포츠

태국인들은 더운 기후 탓에 이른 아침 시간이나 저녁 시원한 시간을 이용하여 태극권, 조깅, 배드민턴, 따끄러 등을 즐기는 사람들이 많다. 한낮의 스포츠는 일사병을 우려하여 피하는 편이며 야간경기를 즐기곤 한다. 더운 국가인데도 수영 인구는 적다. 올림픽에 출전해서 필히 입상하는 종목은 복싱이다.

태국에는 스포츠 도박이라고 할 수 있는 경기가 발달되어 있다. 그 중 무어이 타이 경기가 가장 유명하다. 동물의 경기로는 소, 말, 물고기, 곤충끼리 싸움을 하는 경기가 있다.

1. 무어이 타이 มวยไทย

무어이 타이는 태국의 대표적인 스포츠로서 발, 손, 팔꿈치, 무릎 등을 사용하여 상대방을 쓰러뜨리는 태국식 복싱이다. 우리에게는 일명 킥복싱Kick Boxing으로도 널리 알려져 있다.

무어이 타이는 쑤코타이 시대부터 시작된 스포츠다. 고대 태국인들은 검도와 무어이 타이를 동시에 배우고 무술로 삼았

무어이 타이

다. 톤부리 왕국의 딱씬 왕도 무어이 타이를 배운 바 있다고 한다. 그 시대에는 촌락 간의 시합이 있었고 도박의 대상이 되기도 했다.

무어이 타이 시합을 시작할 때는 의식용 음악과 무용이 수반된다. 그것은 스승에 대한 존경과 감사를 표하고การไหว้ครู, 시합에 앞서 강한 정신과 승리를 기원하기 위한 것이다.

무어이 타이는 서양 복싱의 영향을 받아 1937년 새로운 경기규칙을 정하게 되었다. 경기는 1회에 3~5라운드이며 3분 경기에 2분 휴식하며 웨이트에 따라 15등급까지 있다. 오른손과 허리는 수호신을 나타내는 실로 두르기도 하며 시합 전 머리에 두르는 띠는 시합 개시 때 트레이너가 수거해 간다. 시합 룰은 복싱과 크게 다르지 않으나 급소를 걷어차서는 안 된다. 과격한 운동이기 때문에 그만큼 위험성이 높아서 특별히 서포트support를 차기도 한다.

2. 따끄러ตะกร้อ

따끄러는 등나무의 견고한 줄기 부분을 엮어서 만든 것이며, 팔·손등을 이용하지 않고 발로 볼을 차 네트 너머 상대편 구역으로 넘기며 점수를 얻는 경기이다. 이 경기는 태국뿐 아니라 인접국도 있지만 태국에서 미얀마나 말레이시아로 전래된 것으로 알려지고 있다. 각 국에서 각각 다른 이름으로 불려지고 있으나 동남아시아 경기대회SEA Games에서는 세팍 타크

따끄러

따끄러 경기

로 Sepak Takraw라는 통일된 명칭으로 불려진다.

따끄러의 역사는 아웃타야 시대까지 거슬러 올라간다. 따끄러는 원래 말이 소리를 내지 못하도록 입을 틀어막는 목적으로 사용되었는데 전쟁터에서 휴식 시간에 이것을 이용하여 운동경기를 즐겼던 것이다. 미얀마에서는 친 롱chin lone이라고 부르고 있으나 아웃타야로부터 전래된 것이다.

3. 조정 경기

태국에는 운하 교통의 발달로 전통적으로 조정 경기가 발달되어 있다. 이 경기의 본래 목적은 풍요로움을 기원하고 물의 신에게 감사하고 해상의 안전을 기원하는데 있다. 이 경기는 물이 풍부한 9~10월에 주로 개최되는

데 피찟 도에 있는 난 강แม่น้ำน่าน, 방콕의 짜오프라야 강, 나라티왓 도의 방 나라 강แม่น้ำบางนรา 등에서 개최되는 시합이 유명하다.

4. 투계鬪鷄와 투어鬪魚

투계 경기는 투계의 발에 칼을 붙잡아 매어 두어 싸우게 하는 게임이다. 투어 경기는 유럽인들이 아윳타야 왕조시대에 시작한 이래 농민들의 오락이 되었다. 투어들이 서로 물어뜯어서 죽을 때까지 경기는 계속되는데 투혼을 기르기 위해서 유리관 속의 굴절을 이용하여 흥분시킨다.

조정 경기

투계

투어

태국의 의식주를 찾아서

6

의복의 변화

난짜오南詔시대 이래 태국의 대표적인 전통의상은 여성용의 파 퉁ผ้าถุง, ผ้าซิ่น이라고 부르는 의상이다. 파 퉁은 큰 폭과 길이를 갖는 통 모양의 천tube skirt을 허리에 둘러 좌측에서 포개어 맨 후 금색이나 은색의 벨트로 조여 착용하는데 어떠한 체격에도 어울리는 것이 특징이다.

파 퉁

남성은 파 카우 마ผ้าขาวม้า라고 불리는 무명으로 만든 허리천을 감아 배 앞에서 묶고 상반신은 나체였는데 이 천은 목욕할 때 사용했을 뿐 아니라 물고기를 잡거나 과일을 딸 때 보자기 대용으로 사용했다. 현재도 태국인들은 집에서 편안히 쉴 때에는 티셔츠를 입고 아래는 파 카우 마를 두르기도 한다.

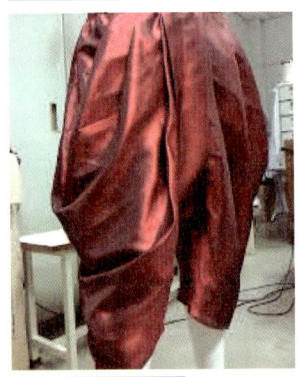

파 카우마

파 퉁과 파 카우 마를 기본으로 한 전통의상들은 이후 캄보디아, 라오스, 버마, 말레이의 영향을 받으면서 독자적 의상으로 발전되었다고 볼 수 있다. 쑤코타이 왕조 때 남성들은 짧은 소매의 셔츠와 하의로는 파 쫑끄라벤ผ้าโจงกระเบน을 착용했으며, 여성들은 긴 소매의 블라우스와 파 퉁을 입고 간혹 싸바이สไบ를 착용했

파 쫑끄라벤

다. 파 쫑끄라벤은 보통보다 긴 파 퉁 천을 허리에 감은 후 앞 쪽에서 천을 비틀어 넓적다리 사이로 빠져나오게 해 뒤쪽 허리까지 끌어올려 벨트로 조인 형태의 의상이다. 현재에도 나이 많은 여성들이 애용하고 있고 태국 고전 댄스 무대에서 볼 수 있다. 싸바이는 모양을 내기 위해서 왼쪽 어깨부터 가슴을 덮고 오른쪽 허리에 감았던 긴 천이다. 싸바이에는 장미, 자스민 등 향기가 좋은 꽃이나 잘게 깎은 과일 껍질 등을 넣어 두어 여성의 몸에서 향내가 나도록 했다. 또한 쑤코타이 시대에는 전통 의상 파 퉁에 주름을 잡은 파 찝ผ้าจีบ도 유행했다. 여성들 사이에서는 높게 치켜세운 머리형태가 유행했으며, 왕족과 귀족들은 보석을 소지하고 보석으로 장식한 관을 쓰기도 했다.

싸바이

파 탭

아윳타야 왕조때 남성은 긴 소매의 상의와 파 쫑끄라벤을 착용했으며, 여성은 긴 소매의 블라우스와 파 퉁을 착용하고 어깨에는 싸바이를 걸쳤다. 간혹 여성들은 집에 있을 때 가슴을 가리는 파 탭ผ้าแถบ을 착용했다. 화려한 미를 뽐내기 위하여 보석 버클은 물론 브로치, 펜던트 pendant, 보석을 박은 관, 무거운 금 벨트, 긴 금

따벵만

태국의 의식주를 찾아서 | 147

랏차빠땐

머험

깡껭 레

목걸이 등도 착용했다. 남성들의 헤어스타일은 짧은 머리의 마핫타이ᴍʜᴀᴅᴛʜᴀɪ 스타일이 유행했다. 여성은 머리를 높게 치켜세우고 장식물을 달았지만 전시에는 짧게 깎았다. 전시의 남성 복장은 평상시와 비슷했지만 여성은 가슴을 가리고 목에 그 줄을 걸친 따벵만ᴛᴀʙᴇɴɢᴍᴀɴ과 파 쫑끄라벤을 착용했다.

랏따나꼬씬 왕조 초기까지는 아웃타야 왕조의 의상 패션과 비슷했지만 라마 4세 때부터 서서히 유럽과의 절충형 의상이 만들어지기 시작했다. 라마 5세 쭐라롱껀 대왕 시대의 젊은 왕녀들은 실크 재킷과 실크로 만든 캐미솔ᶜᵃᵐⁱˢᵒˡᵉ풍의 파 눙ᴘʜᴀɴᵁɴɢ에 긴 무명 스타킹을 신고, 양팔에는 금팔찌, 양 손가락에는 반지를 끼었으며, 머리에는 보석으로 장식한 관을 쓰고 에나멜을 칠한 구두를 신었다. 이 시대에는 유럽 패션 모방에 많은 관심을 가져 블라우스의 소매를 부풀리고 레이스 장식을 이용한 스타일이 오랫동안 유행하였다.

라마 6세 와치라웃 왕 시대에는 파 퉁이 다시 유행하게 되었으며 상의는 서구 스타일의 블라우스가 유행했다. 라마 6세는 영국에서 교육을 받은 최초의 왕으로 유럽풍의 모자를 쓰도록 명을 내리기도 했다.

현대에 들어서 남성은 밝은 색조의 랏차빠땐ราชปะแตน, royal pattern이라고 불리는, 칼라 깃이 서 있는 상의를 착용하고 있는 사람이 많다. 일반 샐러리맨은 긴소매 와이셔츠에 넥타이를 맨 사람이 많고 공식적인 일이 있을 때는 상의를 착용한다.

라마 9세 시대에 들어서는 전통의상에 관한 관심이 다시 고조되었다. 특히 현 씨리낏สิริกิติ์ 왕비는 행사 참석 시에 전통의상을 즐겨 입는다. 현대식 의상으로 불리는 옷들ไทยเรือนต้น ไทยบรมพิมาน ไทยอมรินทร์ ไทยจิตรลดา ไทยจักรพรรดิ ไทยจักรี ไทยศิวาลัย และชุดไทยดุสิต 은 전통의상을 개량한 것으로 볼 수 있다. 남성용 국민복으로는 쓰어 프라랏차탄เสื้อพระราชทาน이 잘 알려져 있다.

특색있는 옷 중 한가지는 농민복인 머험หม้อห้อม이다. 머험은 원래 논·밭 일을 할 때 움직이기 쉽도록 만든 농민복이다. 1992년 민주화 운동이 한창일 때 이를 주도한 전직 방콕시장 짬렁 จำลอง ศรีเมือง이 착용하고 있었던, 소매가 짧은 감색의 셔츠와 바지가 그것이다. 사각으로 봉제된 바지 허리 부분은 고무줄이 아니라 끈으로 묶기 때문에 하반신이 갑갑하지 않고 시원하다. 또 태국을 여행한 사람들이 마사지 집에서 갈아 입어본 경험이 있는 헐렁한 바지 깡껭 레กางเกงเล, fisherman pants도 특색있는 옷이다. 태국인들은 집에서 편하게 깡껭 레를 입기도 한다.

먹을거리

1. 음식문화의 특징

1) 풍부한 자연 환경

태국은 풍요로운 자연 환경을 갖고 있는 나라다. 평야가 많고 상하常夏의 나라인 태국은 쌀이나 야채, 과일 등이 풍부하다.

태국의 풍요로운 자연 환경을 설명할 때 언급되는 것이 쑤코타이 왕조 3대 왕인 람캄행 대왕의 비문 내용이다. 비문에는 "강에는 물고기가 있고 논에는 벼가 있다…"라고 쓰여 있는데, 어망을 2~3회 던지면 물고기가 잡히고 벼를 여기저기 뿌리기만 하면 먹고 사는 데 지장이 없어서 활동만 하면 굶어죽는 일은 없다고 가르쳐 왔다.

또한 태국의 지리적 위치가 동서양의 교차로에 있다는 점, 음식물에 대한 종교적 금기가 없다는 점, 재료에 돈을 아끼지 않고 조리에 시간을 아끼지 않으며, 아름다운 음식 모양이나 맛을 추구하는 왕족·귀족의 존재 등이 음식문화를 꽃피우게 하는 주요 요인이 되었다.

2) 미작米作문화

자포니카 종(왼쪽)과 인디카종 쌀(벼)(오른쪽)

태국의 벼농사는 B.C. 3000년경 반치앙บ้านเชียง의 유적 등에서 그 흔적이 발견되고 있다는 점을 생각하면 역사가 꽤 오래 되었다. 태국은 세계 3대 쌀 수출국 중의 하나이며 현재 전 경작지의 약 60%가 벼농사에 사용되고 있다.

쌀은 태국의 전 국토에서 생산되고 있다. 홍수에 강한 키가 큰 벼浮稻인 인디카종 멥쌀 카우 짜오ข้าวเจ้า가 주류를 이룬다. 북·동북부에서는 찹쌀 카우 니아우ข้าวเหนียว를 많이 생산하고 있다.

중부 지방 짜오프라야 강을 따라서 펼쳐져 있는 충적평야는 태국의 주요 쌀 생산지이다. 비옥한 델타에 부도 인디카종indica의 멥쌀이 주로 생산되고 있다. 부도는 길이가 4~5미터나 되며 우기가 되어 수위가 높아져도 피해를 입는 일이 없지만 단위당 수확량이 적다.

쌀은 일반적으로 크게 쌀알의 모양과 재배지역에 따라 인디카종과 자포니카종japonica으로 나누는데, 인디카종은 길고 가느다란 장립형이며 자포니카종은 둥글고 짧은 단중립형이다. 우리나라에서 생산되는 쌀은 자포니카종에 속한다. 인디카종은 푸석거리는 쌀로 흔히 안남미라고도 불린다.

북부 분지의 관개된 수전에서는 찹쌀을 생산하고 있다. 소수 종족인 고산족은 화전경작을 주로 하고 있으며 육도陸稻를 재배한다. 코랏โคราช 고원을 중심으로 하는 동북부에도 수전이 있지만 토질이 나쁘고 비가 적어 육도도 재배하나 많은 양을 수확하지는 못한다. 남부에도 수전이 있지만 그 양이 많지 않다.

2. 태국 음식의 특징

1) 매운맛, 단맛, 신맛

태국 음식은 맵고, 달고, 신 맛을 특징으로 한다. 매운맛은 고추를 대량으로 사용하기 때문인데 고추는 적·녹·황·오렌지색 등 색깔도 크기도 다양하다. 그 중에서도 세계에서 가장 맵다는 작은 고추프릭 키누, พริกขี้หนู, 말린 고추프릭 행, พริกแห้ง, 빻은 고추프릭 뽄, พริกป่น을 많이 사용한 요리는 대단히 맵다. 또한 후추를 생선튀김 등에 대량으로 사용하여 매운 맛을 내기도 한다.

단맛은 팜 슈가palm sugar나 그래뉴당granulated sugar을 많이 사용한다. 코코넛 밀크도 단맛을 돋구어 감칠 맛을 내며 설탕은 면류 등의 식탁 조미료가 되기도 한다. 신맛은 자연의 과일에서 섭취하는 일이 많다. 가장 많이 사용되는 것은 귤과 같은 모양의 라임มะนาว, 콩과의 마캄มะขาม 등인데 그 즙을 조미료로 사용한다. 마단มะดัน 과 같은 과일이나 토마토도 잘게 잘라 섞거나 으깨서 신맛을 낸다.

매운맛을 내는 프릭키누

신맛을 내는 마나우

단맛을 내는 팜슈가

2) 허브herb

날것의 허브는 마늘·작은 양파·카ข่า·끄라차이กระชาย와 같은 근채류根菜類, 바이 호라파ใบโหระพา·바이 끄라프라오ใบกระเพรา·맹락แมงลัก·팍치ผักชี·바이 마끄룻ใบมะกรูด·레몬그라스ตะไคร้ 같은 경류莖類, 줄기류등 여러 가지가 있다. 이들 허브를 많이 사용함으로써 독특한 맛을 만들어 내고 있다.

3) 남 쁠라와 까삐

남 쁠라น้ำปลา는 소금에 절인 생선을 장시간 발효시켜 그 짜낸 물을 모은 어장류魚醬油로 볶음밥, 튀김 국수, 지짐 등에 사용한다. 남 쁠라는 태국뿐만 아니라, 베트남, 라오스, 캄보디아에서도 널리 사용되고 있다.

까삐ന്ദಿ는 보리새우와 같이 작은 새우를 발효시킨 젓과 같은 어장魚醬이다. 어장은 동남아시아 각지에서 기본적인 조미료로 사용되고 있다. 까삐는 카레 페이스트 등에서 맛을 내고 있는데 태국 전역에서 사용되기는 하나 특히 남부에서 널리 사용되고 있다. 태국 동북부에서는 담수어ปลาร้า의 젓이나 그 즙을 조미료로 사용한다.

4) 남 프릭과 카레

"태국의 식사는 밥, 국, 카레, 지짐 요리, 그리고 남 프릭น้ำพริก에서 시작한다"라고 말하는 사람도 있을 정도로 남 프릭은 중요하다. 남 프리이란 마늘, 고추, 남 쁠라, 라임 등의 과일즙을 기본으로 한 매운 소스로 여러 가지 종류가 있다. 남 프릭 쁠라 뽄น้ำพริกปลาป่น은 말린 생선과 고추 소스, 남 프릭 쁠라 라น้ำพริกปลาร้า는 발효한 생선과 고추 소스, 남 프릭 까삐น้ำพริกกะปิ는 새우 페이스트와 고추 소스, 그리고 남 프릭 엉น้ำพริกอ่อง은 육고기와 토마토, 고추 소스로 만든다.

카

레몬그라스

마끄룻

팍치

남프릭

5) 생 야채

태국의 식탁에는 생 야채가 많이 오르는데 매운 카레나 샐러드와 함께 먹으면 좋다. 특히 작은 고추พริกขี้หนู를 대량으로 먹고 입 속이 탈 것 같을 때 생 야채는 효력이 있다. 생 야채의 종류는 양배추나 상추, 오이류 뿐만 아니라 가지, 강낭콩, 부추, 콩나물 류, 팍치 등이 있다.

6) 얌

얌ยำ이라는 것은 남 쁠라의 짠맛과 마나우라고 부르는 라임의 신맛, 거기에 고추의 매운 맛을 합친 것이다. 이것을 드레싱으로 사용하여 태국식 샐러드를 만들게 된다. 또한 얌은 똠 얌ต้มยำ 수프의 맛을 내기도 한다.

3. 지역별 대표 음식

1) 방콕과 중부

매운맛, 짠맛, 단맛, 신맛이 특징이다. 밥은 여러 가지 종류의 남 프릭, 깽 쏨แกงส้ม과 같은 맵고 신 수프나 여러 가지 야채가 든 수프แกงเลียง, 코코넛 밀크를 넣은 카레와 함께 먹는다. 요리에는 많은 조미료나 향신료를 사용한다. 야채, 육고기, 생선을 사용한 다양한 조리법이 발달되어 있다. 방콕은 국제도시로 중국요리, 일본요리, 한국요리, 서양요리 음식점도 많이 있다.

2) 남부

태국 남부의 요리는 극히 매운맛, 짠맛, 신맛 등을 특징으로 한다. 타이만과 안다만 양쪽 해안선에서 올라오는 어패류가 주요한 단백질원이며 육고기 요리는 적다. 많은 향신료와 조미료를 사용한 카레가 일반적으로 사용되며, 밥과 생 야채를 어장유로 맛을 낸 카우 얌ข้าวย่ำ도 유명하고 남 프릭 까삐น้ำพริกกะปิ를 즐겨 먹는다.

말레이시아와의 국경과 가까운 몇 개의 도에서는 주민의 상당 수가 무슬림이기 때문에 다른 지역과 식생활도 다르다. 무슬림은 돼지고기를 먹지 않고 술도 마시지 않는다.

3) 북부

맵고, 짜고, 시지만 달지 않은 것이 특징이다. 전형적인 아침 식사는 찹쌀밥·삶은 야채와 남 프릭, 점심은 찹쌀밥과 쇠고기·돼지고기나 돼지가죽을 튀긴 것 등 이다. 저녁은 찹쌀밥과 여러 가지 종류의 남 프릭, 깽 쿠어แกงคั่ว와 같은 야채 수프를 먹는다. 또한 북부는 원래 란나ล้านนา 왕국이라고 불리는 별도의 왕국이었기 때문에 독특한 식문화가 발달되어 있는데 칸 똑ขันโตก이라고 불리는 요리가 유명하다. 냄แหนม이라는 발효시킨 돼지고기로 만든 소시지도 유명하다.

칸 똑

4) 동북부

동북부를 이싼อีสาน이라 부르는데, 이 곳에는 전통적인 향토 요리가 있다. 닭구이 까이 양ไก่ย่าง, 소금으로 절인 민물 게나 민물 새우와 녹색 말라꺼มะละกอ를 섞어 만든

말라꺼

태국의 의식주를 찾아서 | 155

샐러드 쏨땀ส้มตำ, 육고기 샐러드 랍ลาบ, 동북부 소시지 싸이끄럭 이싼ไส้กรอกอีสาน 등이 대표적이다.

조미료는 민물고기를 소금으로 절인 것 또는 소금으로 절인 쁠라 라를 사용한다. 이곳은 비가 적기 때문에 타 지방처럼 음식이 풍부하지 않으며 요리는 짜고 단순하다. 보통의 식사는 남 프릭 쁠라 라와 같은 소스를 야채에 넣어 찹쌀밥과 함께 많이 먹는다.

4. 특별한 행사 때 먹는 음식들

태국 음식 중에는 특별한 행사 때 즐겨 먹는 것들이 있다. 예를 들면 중국식 국수 카놈 찐ขนมจีน은 결혼식 때 먹는데, 장수를 의미한다. 태국에 처음으로 국수가 도입된 시기는 아윳타야 왕조의 나라이 왕[1656~1688] 때인데, 당시 중국상인들이 먹거리로 갖고 들어왔던 것이다. 중국인들의 조리법은 국수를 수프·야채와 함께 끓여 먹는 것이었으나, 이후 태국인들은 다양한 조리법을 이용해 국수를 즐겨 먹게 되었다. 아윳타야 왕조 이후 중국인 인구가 증가하면서 국수 수요도 늘어나고 조리법도 발달했다.

텅 입ทองหยิบ은 태국의 9가지 전통 디저트 중 한가지인데 결혼식, 득도식, 집들이 행사 때 만들

쏨땀

쏨땀 만드는 절구

텅 입

어 먹는다. 텅 입도 아웃타야 왕조 나라이 왕 때 도입
된 것으로 포르투갈로부터 유래한 것이다. 타이어로
텅ทอง은 금이고 입หยิบ은 집다라는 의미이다. 텅 입
은 일의 성공이나 행복을 가져다준다는 의미를 갖
고 있으며 계란 노른자, 밀가루, 시럽자스민 향이 나는 물에
설탕을 섞어 만든 것으로 만든다.

훠이 텅ฝอยทอง은 또 다른 전통 디저트인데 지속적인 사랑
과 행운을 가져다준다는 의미가 있다. 훠이 텅 역시 계란 노른
자와 시럽 등으로 만든 설탕절임 같은 것인데 포르투갈에서 들어 온 것이다.

훠이 텅

5. 태국요리 발달사

태국요리기술은 주로 중국과 유럽의 문화적 영향을 받아 발전되어 왔다.
태국인들은 중국의 빨리 튀기는 기술과 국수문화를 받아들여, 향내 나는 소
스를 가미한 고유의 국수 조리법을 개발했다. 달콤하고, 시큼하며, 향신료
맛이 강한 독특한 맛의 국수 음식 미 끄럽หมี่กรอบ, crispy noodle은 대표적인 태국
국수 요리로 들 수 있다.

태국 음식은 아웃타야 왕조 나라이 왕 때 큰 발전을 이루게 되었다. 아
웃타야를 찾았던 수많은 외국인들과 무역상들이 새로운 음식과 조리기술을
갖고 들어 왔다. 이전에 태국음식에는 코코넛 밀크를 사용하지 않았지만 서
양인들은 태국의 커리음식에 코코넛 밀크를 넣도록 권유했다.

당시 코코넛 밀크는 디저트 음식을 만들 때 주로 사용했었다. 또 포르투
갈인들이 들어오고 나서 디저트 음식에 계란을 사용하기 시작했다. 텅 입

과 훠이 텅 등이 대표적이다. 중국인들이 이주하고부터는 중국 음식문화가 도입되 태국 음식문화의 일부로 자리 잡았다. 랏따나꼬씬 왕조 라마 5세의 근대화 작업 추진 후 서양 음식문화가 본격적으로 영향을 미치기 시작했다.

6. 세계인 입맛을 사로잡는 태국음식들

쏨땀 타이 ส้มตำไทย

태국 동북부 이싼지역으로부터 시작된 새큼 상큼한 맛의 음식으로, 태국식 김치 스타일의 파파야 샐러드이다. 넣는 재료에 따라 여러 종류가 있지만 가장 대표적인 쏨땀 타이에는 파파야말라꺼, 말린 새우, 땅콩, 토마토, 라임, 설탕과 생선액젓이 들어간다. 작고 검은 민물게나 바다 꽃게가 들어가면 쏨땀 뿌ส้มตำปูラ고 한다. 이들 재료를 절구통에 넣고 빻는다.

쏨땀 타이

똠 얌 꿍 ต้มยำกุ้ง

태국 음식 문화를 상징하는 요리로 시고, 짜고, 달고, 매운 맛을 다 담고 있는 찌개 음식이다. 똠ต้ม은 끓이다는 뜻이고, 얌ยำ은 샐러드라는 뜻이며, 꿍กุ้ง은 주재료인 새우를 의미한다. 해산물을 넣으면 똠 얌 탈레ต้มยำทะเล가 되고, 닭고기를 넣으면 똠 얌 까이ต้มยำไก่가 된다. 부재료는 버섯, 레

똠 얌 꿍

몬그라스ตะไคร้, 팍치ผักชี, 라임 잎, 고추, 말린 생강, 토마토와 코코넛 밀크가 들어간다.

깽 키아우 완 แกงเขียวหวาน

깽 키아우 완은 코코넛 밀크 스프의 한 종류이다. 쇠고기, 닭고기, 돼지고기 등을 선택해서 넣고 코코넛 밀크와 바이 호라파ใบโหระพา, basil, 바이 마끄룻ใบมะกรูด, 가지มะเขือยาว 등을 넣어서 만든다. 깽 키아우 완은 푸른색 고추를 사용하기 때문에 푸른색이 난다. 그 맛은 부드럽고, 달고, 맵고, 짜다. 태국사람은 깽 키아우 완을 더운 쌀밥 또는 카놈찐ขนมจีน, 가는 쌀국수과 함께 즐겨 먹는다.

깽 키아우 완

팟 타이 ผัดไทย

팟 타이는 쌀국수 요리이다. 국수와 함께 계란, 타이식 어장, 타마린드tamarind 주스, 붉은 고추, 새우, 닭고기, 두부 등을 넣고 고명으로 고수, 라임, 으깬 땅콩 등을 얹어 만든다. 태국을 대표하는 요리 중 하나이다.

팟 타이

뿌 팟 퐁까리 ปูผัดผงกะหรี่

게살과 코코넛 크림, 커리, 셀러리, 양파, 파, 마

뿌 팟 퐁까리

태국의 의식주를 찾아서 | 159

늘 등의 야채가 어우러진 요리로 태국을 대표하는 해산물 요리이다.

얌 운쎈 ย่ำวุ้นเส้น

운쎈이라는 투명한 면과 함께 토마토, 양파, 땅콩이 들어간 새콤 매콤한 잡채 샐러드이다. 기호에 따라 해산물을 넣으면 얌 운쎈 탈레 ย่ำวุ้นเส้นทะเล, 돼지고기를 넣으면 얌 운쎈 무 ย่ำวุ้นเส้นหมู가 된다.

얌 운쎈

카우 팟 ข้าวผัด

카우 ข้าว는 밥, 팟 ผัด은 볶다라는 뜻으로 볶음밥을 말한다. 밥과 함께 볶는 재료에 따라 카우 팟 꿍 ข้าวผัดกุ้ง, 새우 볶음밥, 카우 팟 까이 ข้าวผัดไก่, 닭고기 볶음밥, 카우 팟 무 ข้าวผัดหมู, 돼지고기 볶음밥, 카우 팟 뿌 ข้าวผัดปู, 게 볶음밥 등이 있다.

카우 팟

꾸어이띠아우 ก๋วยเตี๋ยว

태국식 쌀국수로 가장 흔한 길거리 음식이다. 면 굵기에 따라 쎈 미 เส้นหมี่, 가장 얇은 면, 쎈 렉 เส้นเล็ก, 중간 굵기 면, 쎈 야이 เส้นใหญ่, 가장 굵은 면로 나뉜다. 국물이 있으면 꾸어이띠아우 남 ก๋วยเตี๋ยวน้ำ, 국물이 없는 비빔국수는 꾸어이띠아우 행 ก๋วยเตี๋ยวแห้ง이다. 고명으로 돼지고기와 어묵, 닭가슴살, 해산물 등이 사용되며 기호에 맞게 양념

꾸어이띠아우

을 넣어 먹는다. 양념은 단맛을 내는 설탕น้ำตาล, 고춧가루 프릭 뽄พริกป่น, 식초에 고추가 들어있는 남쏨 프릭น้ำส้มพริก을 사용한다.

팟 팍 붕 화이 댕 ผัดผักบุ้งไฟแดง

모닝글로리를 다진 돼지고기와 굴 소스, 마늘과 함께 볶은 요리로 태국식 된장을 넣어 맛이 강하고 짜다. 밥반찬으로 한국인들의 입맛에 잘 맞는다.

팟 팍 붕 화이 댕

까이 팟 멧 마무엉 ไก่ผัดเม็ดมะม่วง

태국 남부에서 많이 생산되는 캐슈넛을 닭가슴살, 양파, 당근, 실파, 마늘과 함께 볶는다. 달콤한 맛과 캐슈넛의 고소함이 어울리는 음식이다.

까이 팟 멧 마무엉

쑤끼 สุกี้

태국식 샤부샤부로 알려진 쑤끼는 육수 국물에 채소와 해산물, 육류, 국수 등 다양한 재료를 넣어 살짝 익혀 건져먹는 요리이다. 태국이 원조는 아니지만 풍부한 해산물과 야채를 신선하게 데쳐 먹는 방식으로 많이 유행하게 된 음식이다. 먹고 난 후 남은 국물에 밥을 넣고 끓여 죽ข้าวต้ม을 만들어 먹는다.

쑤끼

7. 색다른 과일

코코넛 coconut, มะพร้าว

칼로 껍질 위쪽을 잘라내고 안에 고인 즙을 마신 후 남은 흰 과육을 숟가락으로 긁어먹는다. 해변이나 식당, 거리의 노점상에서 코코넛을 뚜껑만 살짝 연 다음 설탕과 얼음을 넣고 빨대를 꽂아 팔기도 한다.

코코넛

망고스틴 mangosteen, มังคุด

'과일의 여왕'으로 불리는 망고스틴의 짙은 자주색 껍질 아래쪽을 손으로 눌러 벗겨내면 안에는 흰색의 보드라운 속살이 마늘처럼 붙어 있다. 즙이 많고 단 맛이 나며, 안쪽 껍질에서 흐르는 물은 색소가 강하므로 옷에 묻지 않도록 조심해야 한다.

망고스틴

잭 프루츠 jackfruit, ขนุน

겉모양이 두리안과 비슷한 과일이지만 가시가 없다. 상당히 큰 과일이기 때문에 대부분 노란색의 속살만 판매한다. 맛은 달고 안에 대추 크기의 씨가 들어있다. 현지인들은 찹쌀밥 한 숟가락에 잭 푸르츠 한 조각을 얹은 '카우 니아우 카눈 ข้าวเหนียวขนุน'을 즐겨 먹는다.

잭 프루츠

두리안 durian, ทุเรียน

두리안은 고약한 암모니아 냄새 때문에 일부 호텔에서는 반입을 금지하기도 한다. 껍질에는 울퉁불퉁한 가시가 돋아 있지만, 말랑말랑한 크림색 속살은 고소한 맛을 낸다. 먹고 나면 술을 마신듯 약간 열이 나는 것이 특징으로 열대 과일 가운데 가장 비싸다. 두리안을 아이스크림, 사탕, 주스, 잼, 양갱 등으로 가공한 제품도 인기가 있다.

두리안

망고mango, มะม่วง

옅은 녹색 망고는 덜 익은 것으로 신맛이 강하고, 짙은 녹색은 단맛이 난다. 말랑말랑한 노란색 망고가 가장 잘 익은 것으로 달고 향긋하다. 태국사람들은 찹쌀밥 위에 잘 익은 망고를 얹어서 달콤한 코코넛소스에 찍어먹는 '카우 니아우 마무엉ข้าวเหนียวมะม่วง'을 즐겨 먹는다.

망고

로즈애플rose apple, ชมพู่

녹색과 분홍색이 있는데 녹색이 진할수록 단맛도 진하다. 아삭거리는 질감이 좋지만 사과에 비해 향기와 단맛이 약하며, 보통 껍질째 먹는 과일이다.

로즈애플

파파야papaya, มะละกอ

덜 익은 것은 녹색, 잘 익은 것은 오렌지 색을 띤다. 녹색 파파야를 채쳐서 매콤하게 만든 샐러드가 쏨땀이다. 잘 익은 파파야의 껍질을 벗긴 후 반을 가르면 짙은 오렌지 색의 속살이 나오는데, 까만 씨는 보통 털어내고 먹는다.

파파야

태국의 의식주를 찾아서

람부탄

람부탄rambutan, เงาะ

성게 모양으로 안에 흰색의 반투명한 속살과 씨가 들어있으며, 즙이 많고 새콤달콤하다. 털이 검게 변하지 않아야 싱싱한 것으로 손으로 쉽게 반을 갈라 먹을 수 있다.

용안longan, ลำไย

연한 갈색의 동그란 열매가 포도송이처럼 달려있는 과일이다. 안에 까만 씨가 있어서 용안으로 불린다. 껍질은 손으로 쉽게 벗겨지며, 반투명한 젤리 상태의 과육은 단맛이 강하다.

용안

구아바

구아바guava, ฝรั่ง

초록색은 신맛이 강하고, 잘 익은 노란색이 향긋하고 단 것이다. 호텔 부페의 조식에서 내놓는 녹색 주스가 대부분 구아바 주스이다.

커스터드 애플custard apple, น้อยหน่า

물컹거리는 껍질을 손으로 까면 흰 속살이 나온다. 씨가 많은 편으로 코코넛처럼 고소하지만 좀 더 단맛이 난다.

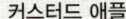

커스터드 애플

포멜로

포멜로pomelo, ส้มโอ

크기가 큰 귤로 첫맛은 오렌지처럼 향긋하고 끝 맛은 자몽처럼 떫으면서 상큼한 맛이다. 껍질은 상당히 두꺼워 손으로 벗기기가 힘들기 때문에 상점에서는 손질해 포장된 것을 판매한다.

주거방식

1. 전통식 주거와 생활양식

태국인은 선사 시대에 혈거(穴居)생활을 했으며 AD 400~500년경부터 강가에서 생활하기 시작했다. 당시에 태국인은 동남아 전역에서 볼 수 있는 바와 같이 강가나 육상 위 등에서 고상식(高床式)가옥을 만들어 생활했다.

무더운 기후 때문에 태국인들은 옛날부터 시원하고 쾌적하게 지낼 수 있는 방법을 궁리하게 되었다. 그 결과 경사가 가파른 지붕과 넓은 베란다를 갖춘 고상식 가옥을 개발해 오늘날까지 사용하고 있다. 주택 건축 자재로는 티크, 마호가니(mahogany), 따키안(ตะเคียน), 고무나무 등을 사용하고 있다. 대도시를 제외한 대부분의 광활한 농촌 지역에는 오늘날도 이러한 나무를 재료로 한 고상가옥이 눈에 많이 띄고 있다.

고상식 가옥의 바닥(마루)은 지상 약 2m정도의 장소에 설치되며 그 바닥의 밑 부분(ใต้ถุน)은 우차(牛車)나 홍수 때 사용하는 작은 배를 놓아두고 직물짜기나 농경 작업장, 휴게실, 어린이들의 놀이터, 가축 사육장 등 다목적으로 사용하고 있다. 가옥의 윗 부분에는 올라가는 계단이 있으며 계단 위에 단출한 문이 하나 있어 신을 벗고 안으로 들어가게 되어 있다.

고상식 가옥

2. 전통식 가옥의 특징

전통식 가옥의 특징은 태국의 각 지방에서 다양하게 나타나고 있는데, 중부 지방에 현재 가장 많이 보존되어 있는 것은 물고기의 꼬리를 모방한 빤롬บ้านลม을 붙인 지붕의 가옥이다. 북부 전통가옥의 특징은 흑색에 가까운 색으로 도색을 해 중량감을 느끼게 하며, 중부의 밝고 화려한 색채의 가옥과는 대조적이다. 물소뿔을 상징하는 깔래กาแล를 붙인 지붕이 일반적인데

물가집บ้านริมน้ำ

중국의 윈난성 지방에서 유래한 것으로 알려지고있다. 원래 이 지방은 옛날부터 농사에 필요한 동물인 물소를 대단히 중요하게 생각했으며 물소를 숭배하는 축제가 현재도 많이 행해지고 있다.

빤롬

깔래

민족

1. 타이계

태국 국민을 구성하는 민족 집단의 수는 약 30개 이상에 이르고 있으나, 이 중에서 일상어로 타이어를 사용하며 타이계의 민족 집단이라고 할 수 있는 사람들은 80%정도다. 방콕을 포함하여 중부 태국을 중심으로 거주하고 있는 타이계족의 사람들은 싸얌 족siam이라고 불린다. 쑤코타이, 아웃타야, 톤부리, 랏따나꼬씬 왕국 등 타이 족이 창건한 국가들이 있는 지역을 외부에서는 싸얌이라고 불렀다. 타이계족은 타이인과 화교, 먼 족, 라오 족과의 혼혈이 많다.

2. 비타이계

1) 화인華人

화인은 비타이계 민족 중 최대의 인구를 가진 소수 종족이다. 태국 내 화인의 수는 전체 인구의 14%에 달하는 것으로 알려졌지만2012년 부분적으로 중국계 혈통을 가진 수까지 합하면 최대 40%까지 추산되고 있다. 현 왕조의 시조인 라마 1세도 중국인 혈통을 가졌으며, 톤부리 왕조 딱씬 왕은 광둥성 출신 중국인 아버지와 태국인 어머니 사이에서 태어났다. 태국 경제계의 지도급 주요 인사들이나 역대 태국 총리들도 부분적 중국계가 부지기수다. 태국 화인 조상들의 절반 이상은 광둥성 출신들이다.

태국의 화인은 다른 동남아의 화인들이 왕성한 경제력을 바탕으로 현지인과 마찰을 빚고 있는 것과는 달리 태국 사회에 자연스럽게 동화되고 있다. 타이 족의 원향은 중국 남부이며 그곳으로부터 동남아 대륙부로 남하 이주해 왔기 때문에 태국과 화인의 관계는 13세기까지 거슬러 올라 갈 수 있지만, 오늘날 태국의 화인들이 당시 화인의 자손이라고 말할 수는 없다.

현재 화인들의 뿌리는 해로로 남중국해를 경유해 온 사람들이다. 중국과 인도사이에는 고대로부터 빈번하게 무역이 행해졌으며, 대형선박에 의한 항해술의 발달이 이루어지지 않았을 때부터 화상들은 남중국해로부터 타이만 연안으로 항해해와 말레이 반도의 끄라지협Kra isthmus에 상륙하여 인도양으로 향했다고 추정되고 있다. 이 기간 중 만灣이나 요지에 화인들이 정주하기 시작한 것으로 추정된다.

태국의 역대 왕조들은 화인을 중요시했다. 쑤코타이의 람캄행 대왕은 2회에 걸쳐서 원나라의 쿠빌라이칸을 방문하고 다수의 건축 기사, 도공 등을 데리고 귀국했다. 아윳타야 중기인 15세기에는 푸젠성 출신의 화인이 아윳디야의 고위 관직에까지 승진했던 사실이 있다. 아윳타야의 쁘라쌋텅 왕은 1630년에 왕실 독점무역령을 선포한 후 화인들을 이용했다. 국가권력과 결탁한 화인의 힘은 이 시대에 비약적으로 증대하여 왕실 중개인, 창고 관리인, 왕실 회계까지 독점하고 있었다. 랏따나꼬신 왕조도 화상우대정책을 취하여 1660년에 1만 명이었던 화인의 수가 1910년에는 80만 명에 달했다.

위에서 언급한 태국의 화인들은 대부분 해로로 태국에 이주해 온 사람들의 자손이지만, 화인 중에는 북으로부터 육로로 들어 온 사람도 있다. 이러한 화인을 허족haw이라고 부르며 그 대부분은 이슬람교도로 윈난, 태국 북부, 라오스의 국경 지대를 중심으로 행상을 하는 사람들이다.

2) 말레이인

태국인은 말레이계 이슬람교도를 캑แขกดีอ라고 부른다. 이 말은 손님이라는 의미인데 인도계 힌두교도도 캑이라고 부른다. 캑은 불교도인 태국인이 자신과 다른 이교도를 구별하기 위해 부르는 호칭이지만 캄보디아인, 먼인, 베트남인 등을 캑이라고 부르지는 않는다.

한편 태국에는 말레이계 이슬람교도 이외에 소수지만 이란, 인도네시아, 캄보디아로부터 온 이슬람교도도 있다. 이란인은 17세기 아웃타야 왕조 때 태국에 들어와서 무역에 종사했으나 18세기 후반부터 방콕으로 이주해 티크산업을 부흥시켰으며 무역중매인이 되기도 했다. 인도네시아인은 당초 무역상으로 태국에 들어왔으며 방콕에는 소수의 인도네시아인 코뮤니티가 있다. 또 캄보디아로부터 온 이슬람교도는 고대 참파Champa, 192~1832의 난민 자손들인데 캄보디아에 거주하고 있다가, 19세기 전란을 겪고 난민이나 포로의 형태로 태국에 들어와 동부·중부 태국 및 방콕에 정착했던 사람들의 후예들이다.

3) 먼인

먼 족은 3세기부터 13세기에 걸쳐서 현재의 하부 미얀마로부터 중부 태국, 북부 태국까지 광대한 지역에 떠동, 버고, 타와라와디, 하리푼차이 등의 왕국을 건설했으며 고도의 불교문화를 발전시켰다. 그러나 18세기 후반에 버마 족에게 완전히 정복당한 이래 다시 옛 영광을 차지

타이 무슬림

하지 못했다.

현재 태국에 거주하고 있는 먼 족은 18세기 말부터 19세기 초에 버마 족과의 항쟁에 패하여 난민으로 태국에 이주한 사람들의 후예다. 그 후 태국 정부는 이들을 태국의 중서부에 정착토록 했다. 먼 족은 상좌부불교도로서 타이인과 동화되어 오늘날은 양자의 구별이 어렵게 되었다.

4) 인도계인

태국에 거주하는 인도계인은 남아시아 지역으로부터 태국에 이주해 온 힌두교도, 이슬람교도, 시크교도 등이다. 태국과 인도 사이에는 아웃타야 시대부터 무역을 통한 교류가 번창했다. 랏따나꼬씬 왕조 때는 다수의 인도 무역상들이 태국에 들어왔다. 인도계인들은 보석상, 포목상을 많이 경영하고 있지만 경비원, 소상인, 단순 노동자도 적지 않다.

인도계인

5) 베트남인

태국내의 베트남인은 두 종류가 있다. 하나는 19세기 후반 베트남으로부터 피난 온 카톨릭교도의 후손으로 방콕, 아웃타야 주변에 거주하는 집단인데 수적으로는 많지 않다. 또 하나는 1954년 불령 인도차이나 전쟁의 결과 태국에 피난 온 사람과 그들의 자손이다. 이들의 일부는 1960년 베트남에 강제 송환되기도 했으나 다수는 태국 동북부에 거주토록 허가 받았다.

6) 북부 고산족

태국 북부 산지에는 까리앙กะเหรี่ยง, Karen, 매우แม้ว ม้ง, Meo, 야오เย้า เมี่ยน, Yao, 무써มูเซอ ลาหู่, Mooser, 리써ลีซู ลีซอ, Leesaw, 이꺼อาข่า อีก้อ, Egaw, 카무ขมุ, Khamu, 틴ถิ่น, Thin, 루어ล้วะ, Looah, 피떵르엉ผีตองเหลือง 등의 고산족ชาวเขา이 거주하고 있다. 이들은 태국 전체 인구의 약 1%에 해당한다. 고산족은 두 개의 중요한 언어 집단인 오스트로아시아어계Austroasiatic와 중국-티베트어계Sino-Tibetan로 나뉘는데 대부분 중국, 미얀마, 라오스로부터 태국에 이주해 왔다. 전자에 속하는 종족은 루어, 틴, 피떵르엉 등이며 후자에 속하는 종족은 이꺼, 리써, 무써, 까리앙, 매우, 야오족 등이다. 이중 까리앙족은 전체 고산족 인구의 절반을 차지하고 있다. 까리앙족은 원래 티벳 국경부근에 거주하다가 고비 사막, 중국, 미얀마를 거쳐 태국의 북부지방으로 이주해 왔다. 까리앙족 다음으로 인구가 많은 종족은 매우족으로 아편재배를 하는 대표적인 종족이다. 매우족은 중국 남부로부터 라오스를 경유하여 이주해 왔다.

태국의 고산족은 고유의 언어, 문화, 풍습을 유지하면서 독립적으로 소규모 촌락을 형성하며 산재하여 거주하는데, 정치·경제·사회적 문제를 야기시킴으로써 국가통합의 위기를 초래했다. 초기에 태국 정부는 고산족 문제에 큰 관심을 두고 있지 않았으나 북부 지방의 삼림자원과 수원水源이 심각하게 훼손되고 아편재배가 성행하며 공산주의자들이 이 지역에 침투하여 안보문제를 악화시키자, 문제의 심각성을 깨닫고 1959년 고산족 복지위원회를 설립했다. 이후 태국 정부는 고산족 동화정책고산족의 이주금지, 삼림과 수원의 파괴 금지, 아편재배의 금지, 대체작물의 경작, 타이인으로의 동화 및 자조계획 등을 성공적으로 추진해 왔다.

까리앙족

언어

1. 고유문자를 가진 타이어

타이어ภาษาไทย 또는 태국어는 태국의 국가 공용어이며, 다수 종족인 타이족의 언어이다. 타이어는 어족으로 분류하면 따이까다이어족Tai-Kadai의 따이어Tai 군에 속한다. 이 군에 속하는 언어를 사용하는 인구는 태국을 비롯해 중국 남서부, 북부 베트남, 라오스, 북부 미얀마 및 북부 인도에 거주하고 있다. 타이어thai는 태국 인구 6,800만 명이 공용어로 사용하는 따이어군 중 가장 중요한 언어라고 할 수 있다. 태국의 공식언어인 타이어의 표준어는 수도 방콕과 그 인근의 중부 방언을 기준으로 삼는다. 지방에는 각각의 방언이 사용된다. 대표적으로 동북부의 이싼 지방은 타이어와 라오어의 변종으로 볼 수 있는 이싼อีสาน 방언을 사용하고 있다. 옛날 란나 왕국의 본거지인 북부에서는 북부 방언คำเมือง을 사용하며, 남부에서는 남부 방언을 사용한다.

이외에도 태국에는 타이어와는 관계없는 수많은 언어들이 사용되고 있다. 태국과 라오스, 미얀마 국경에 거주하는 고산족들은 고유의 고산족 언어를, 태국과 캄보디아 국경지대에서는 캄보디아어를, 중부 쑤판부리 지방에서는 먼-크메르어를 사용하기도 한다. 태국에는 이상과 같이 표준어와는 다른 수많은 방언과 다른 종족의 언어들이 혼재되어 사용되지만, 학교 교육과 TV 등의 매체를 통한 표준 타이어의 보급으로 인해 대부분의 사람들이 표준어를 구사할 수 있다.

타이어는 고유의 문자를 갖고 있다. 고대 인도에서 사용하던 문자를 본따서 만든 컴ขอม 문자현재 캄보디아 문자의 고어로부터 유래한 것으로, 1283년 쑤코타이 왕조의 람캄행 대왕이 만들었다. 최초의 타이어 문자는 람캄행 대왕의 비문에 남아 있다. 수세기에 걸쳐 타이문자는 그 형태를 변화시켜 왔다. 창제 당시의 문자는 오늘날의 타이문자와는 자모의 배열법이나 글자체에서 일정 부분 차이가 있고, 성조부호도 2개뿐이었다. 이후 새로운 자모와 성조부호 2개가 더 추가되었으며, 모음의 위치가 자음자의 전후에서 상·하·좌·우에 자유롭게 놓이게 되었다. 현재 사용되고 있는 타이어는 라마 1세 때 개정된 것이다.

2. 람캄행 대왕 비문의 진위

람캄행 대왕의 타이어 창제는 태국의 독립국가로서 위상을 확보하고 민족의식을 고취시키는데 결정적인 계기가 되었다.

하지만 람캄행 대왕 비문의 발견에 대해서는 후일 의문이 제기되기도 했다. 이 비문을 발견한 사람은 몽꿋 왕자 훗날 라마4세였다. 그는 왕이 되기 전, 승려생활을 하고 있던 시기인 1833년 쑤코타이 왕국의 옛 성터를 지나다가 람캄행 대왕 비문을 발견하였다고 한다.

비문을 살펴보면, "예전에는 타이문자가 없어, 불기 1826년에 람캄행 대왕이 이를 고민하다가 이 타이문자를 적어 두었다"라고 기록되어 있다. 이를 람캄행 대왕이 타이문자를 고안했다는 증거로 보았지만, 근래에 들어 타이문자가 실제로는 이보다 후일에 만들어졌다는 주장이 나왔다. 일부 정치학자들은 이 비문을 제국주의 시대 열강의 침략에서 살아남고 국가의 자주 독립을 지키기 위한 정통성 확보의 일환으로 만들어낸 것이라고 주장하기도 하고, 언어학자들은 이 비문에서 사용된 문자와 문투가 쑤코타이 시대와 일치하지 않으며 인칭의 통일성이 떨어지는 부분이 있다고 지적하기도 한다.

이러한 논란 속에 1989년 푸미폰 국왕의 누나인 깔라야니왓타나กัลยาณิวัฒนา 공주는 이 비문을 적외선·자외선 및 광학현미경 등을 이용하여 동시대로 분류된 다른 비문들과 비교 분석하도록 지시하였는데, 그 결과 비슷한 시기에 제작된 것으로 결론지어졌다. 그럼에도 불구하고 비문의 진위 여부에 대한 논란은 현재까지도 끊이지 않고 있다.

3. 자모와 성조

1) 자음

타이어의 자음은 44개가 있지만, 그 중 2개는 사용되지 않는다. 자음의 발음은 21종류이고 동음이더라도 문자가 다른 자음자가 존재한다. 각각의 자음은 외우기 쉽게 한 개의 대표명사를 갖게 되는데예: a for apple, b for bat, 실제로 단어 속에서 읽을 때는 대표명사를 읽을 필요가 없다.

타이어의 자음 중에는 [f]음과 같이 한국어에 없는 소리도 있다. 주의할 점은 초성과 종성의 음이 전혀 다른 글자가 있다는 점인데, 초성 [j] 와 초성 [l]은 끝소리가 [n]으로 난다. 예를 들면 현 태국 국왕의 이름Bhumibol은 '푸미볼'이 아니라 '푸미폰'으로 읽는다.

	자음	발음	대표명사	대표명사 발음 및 성조	의미
1	ก	꺼	ไก่	까이	달걀
2	ข	커	ไข่	카이	계란
3	ฃ	커	ควาย	콰-이	물소
4	ฅ	커	ระฆัง	라캉	종
5	ง	응어	ง	응우	뱀
6	จ	쩌	จาน	짜-ㄴ	접시
7	ฉ	처	ฉิ่ง	칭	칭(악기)
8	ช	처	ช้าง	차-ㅇ	코끼리
9	ซ	써	โซ่	쏘-	쇠사슬
10	ฌ	처	เฌอ	츠어	나무이름
11	ญ	여	หญิง	잉	여자
12	ฎ	더	ชฎา	차다-	무용용관
13	ฏ	떠	ปฏัก	빠딱	창, 장대

14	ฐ	터	ฐาน	타̄-ㄴ	받침대, 단상
15	ฑ	터	มนโท	몬토̄-	여자이름
16	ฒ	터	ผู้เฒ่า	푸̂-타̂오	노인
17	ณ	너	เณร	네̄-ㄴ	사미승
18	ด	더	เด็ก	덱	아이
19	ต	떠	เต่า	따오	거북이
20	ถ	터	ถุง	퉁̌	봉지, 자루
21	ท	터	ทหาร	타하̌-ㄴ	군인
22	ธ	터	ธง	통	기, 깃대
23	น	너	หนู	누̌-	쥐
24	บ	버	ใบไม้	바이마́이	나뭇잎
25	ป	뻐	ปลา	쁠라-	물고기
26	ผ	퍼	ผึ้ง	픙̂	벌
27	ฝ	풔	ฝา	화̌-	뚜껑, 마개
28	พ	퍼	พาน	파-ㄴ	쟁반
29	ฟ	풔	ฟัน	환	치아, 이빨
30	ภ	퍼	สำเภา	삼파오	돛단배
31	ม	머	ม้า	마́	말
32	ย	여	ยักษ์	약	도깨비, 장승
33	ร	러	เรือ	르-아	배
34	ล	러	ลิง	링	원숭이
35	ว	워	แหวน	왜̌-ㄴ	반지
36	ศ	써	ศาลา	쌀̌-라-	정자
37	ษ	써	ฤๅษี	르-씨̌-	선인, 도사
38	ส	써	เสือ	쓰̌-아	호랑이
39	ห	허	หีบ	히̌-ㅂ	상자
40	ฬ	러	จุฬา	쭐라-	연이름
41	อ	어	อ่าง	아̀-ㅇ	수반, 대야
42	ฮ	허	นกฮูก	녹후̂-ㄱ	부엉새

2) 모음

타이어의 모음은 자음자의 상·하·좌·우 혹은 그 조합으로 표기한다. 모음에는 자음과 같이 정해진 이름은 없다. 32개의 모음이 있는데, 이는 18개의 기본모음, 6개의 이중모음, 8개의 잉여모음으로 나뉘며, 단모음과 장모음으로 구성된다. 잉여모음 중 일부는 자음을 가지고 있는 것처럼 소리난다.

기본모음 : 18개

	เสียงสั้น 단모음			เสียงยาว 장모음	
-ะ	아	จะ	-า	아–	นา
◌ิ	이	ติ	◌ี	이–	ดี
◌ึ	으	ถึง	◌ื	으–	มือ
◌ุ	우	ลุง	◌ู	우–	ดู
เ-ะ	에	เตะ	เ-	에–	เท
แ-ะ	애	และ	แ-ะ	애–	แบบ
เ-อะ	으어	เลอะ	เ-อ	으어–	เธอ
โ-ะ	오	โกะ	โ-	오–	โต
เ-าะ	어	เกาะ	-อ	어–	คอ

이중모음 : 6개

	เสียงสั้น 단모음			เสียงยาว 장모음	
เ-ียะ	이아	เกียะ	เ-ีย	이–아	เสียง
เ-ือะ	으어	เกือะ	เ-ือ	으–어	เมือง
◌ัวะ	우어	กัวะ	◌ัว	우–어	วัว

잉여모음 : 8개

เสียงสั้น 단모음			เสียงยาว 장모음		
ฤ(รึ) ฦ(ลึ)	르	ฤๅ	ฤๅ ฦๅ	르-	ฤๅซา
-ํา	암	คำ			
ใ-	아이	ใจ			
ไ-	아이	ไว			
เ-า	아오	เบา			

3) 숫자

태국에서는 아라비아 숫자도 사용되지만 태국 고유의 숫자가 훨씬 더 많이 사용된다.

๑	1	๖	6
๒	2	๗	7
๓	3	๘	8
๔	4	๙	9
๕	5	๐	0

4) 성조

타이어는 각 음절마다 특정한 성조를 가지고 있다. 같은 자음과 모음으로 구성된 단어라 하더라도 다른 성조를 가지고 있으면 다른 의미를 가진 단어로 간주된다. 따라서 정확한 성조로 발음을 하는 것이 무엇보다 중요하다. 예를 들어서, 카우라는 단어는 음의 높낮이에 따라서 밥ข้าว이 될 수도 있고 뉴스ข่าว가 될 수도 있으며 희다ขาว라는 형용사가 될 수도 있다.

타이어는 네 개의 성조부호가 있지만 다섯 개의 성조로 발음된다. 왜냐하면

평성이나 자음의 기본 발음은 성조부호를 가지고 있지 않기 때문이다. 또 모든 자음이 5개의 성조로 발음되는 것은 아니다. 타이어의 성조는 모두 4개의 성조부호를 사용하여 성조를 나타내는 유형성조와 성조부호 없이 초자음, 모음의 장단, 그리고 종자음의 종류에 따라 그 성조가 결정되는 무형성조로 나뉜다.

유형성조부호

รูปวรรณยุกต์ 성조부호	เสียงวรรณยุกต์ 성조발음
-	เสียงสามัญ (평성)
่	เสียงเอก (1성)
้	เสียงโท (2성)
๊	เสียงตรี (3성)
๋	เสียงจัตวา (4성)

4. 타이어의 특징

1) 고립어

타이어는 문법상으로 소위 고립어적 특성을 가진다. 따라서 모든 단어는 어형의 변화가 일체 없고 어근 그대로 쓰이며, 문법적 관계는 주로 문장 내 단어의 위치에 따라 표시된다. 기본이 되는 어순은 「주어+계동사+체언」체언 술어문, 「주어+형용사」형용사 술어문, 「주어+자동사」, 「주어+타동사+목적어」, 「주어+타동사+직접 목적어+간접 목적어」, 「주어+타동사+목적어+보어」동사 술어문. 등이다.

2) 이름과 닉네임

태국 이름의 순서는 한국어와 반대로 성이 이름 다음에 온다. 태국 사람들의 성은 산스크리트어로부터 유래하고 있기 때문에 길 뿐더러 어렵기도 하다. 그래서 일상생활에서는 이름이나 츠 렌ชื่อเล่น, 닉네임을 많이 사용한다. 츠 렌은 동물 이름이 많이 사용된다. 태국 최초의 여성 총리를 역임한 잉락의 원래 이름은 잉락 친나왓ยิ่งลักษณ์ ชินวัตร으로 잉락ยิ่งลักษณ์이 이름이고 친나왓ชินวัตร이 성이다. 태국사람들은 대부분 잉락 총리라고 부르거나 애칭으로 츠 렌인 뿌ปู, 게라고 부르기도 한다.

3) 경어법

태국은 전통적으로 계급사회였기 때문에 경어가 발달되어 있다. 타이어의 경어는 인칭대명사, 문미에 붙이는 종조사남성은 크랍ครับ, 여성은 카ค่ะ와 고급 용어를 사용함으로써 만들어진다. 인칭대명사는 화자와 청자의 신분 관계, 친밀도, 남성과 여성, 상황 등에 따라 대단히 풍부하고 복잡한 체계로 되어 있다.

타이어는 국왕 및 왕실에 대한 경어와 승려에 대한 경어가 있다. 이러한 경어는 주로 명사와 동사에서 산스크리트어·캄보디아어 및 타이 고어 등이 특수 어휘를 사용한다. 예를 들어, 일반인의 눈은 따ตา 라고 하지만 왕족의 눈은 프라넷พระเนตร이라고 부른다. 친구 사이에 사용하는 '먹다'라는 동사는 낀กิน 인데, 불교의 승려들에게는 찬ฉัน이라고 표현하며 왕족의 경우는 싸워이เสวย라고 한다.

4) 다양한 외래어

타이어의 어휘는 고유어와 빨리어·산스크리트어 계통의 외래어, 캄보디아어로부터 유래한 외래어, 근래의 서양어주로 영어 계통의 외래어로 나눌 수 있다. 타이어 고유어 어휘는 단음절로 이루어져 있으며, 일상적으로 사용되는 기본 어휘에 많다. 빨리어 · 산스크리트어 계열의 어휘는 한국어에서 한자어가 차지하는 위상과 비슷한데, 불교를 받아들이면서 흡수한 어휘가 상당 부분을 차지한다. 캄보디아어계의 어휘는 주로 궁중 용어에 많다. 근래에는 영어를 중심으로 한 서양어 어휘를 다수 받아들이고 있다. 타이어 음운 규칙에 맞추어 그 음이 변화하기 때문에 한국인의 기준으로 보면 원어와 상당한 차이를 보이는 경우가 많다.

5) 라오어와 비슷한 태국문자

라오스의 공용어를 라오어라고 한다. 타이어의 문자는 라오어와 유사하다. 대부분의 라오스 식자층은 타이어를 읽고 쓸 줄 안다. 타이어 어휘 절반 이상, 문법, 성조, 자 · 모음 등이 라오어와 상당히 유사하다. 라오어도 어족 분류에 따르면 타이어와 마찬가지로 따이까다이어족에 속하며, 타이어와는 동일 언어의 지역 변종의 관계로 볼 수 있기 때문에 양쪽 언어의 공통 부분을 사용하여 상당부분 의사소통이 가능하다. 더구나 라오스인의 상당수가 TV를 비롯한 미디어를 통해 타이어를 습득하고 있기 때문에 의사소통은 더 원활하다고 볼 수 있다. 하지만 태국의 대다수 중부, 남부 사람들의 경우에는 라오어를 즉석에서 알아듣는 것이 곤란한 면도 분명히 있다.

라오어는 26개의 기본자음과 28개의 기본모음, 4개의 성조부호, 6개의 특수자음으로 구성된다. 모음 28자는 단모음과 장모음 각각 12자, 복합모음 4자로 구성된다. 라오어는 6성으로 이루어져 있다. 라오어를 쓰는 방향은 타이어과 같이 왼쪽에서 오른쪽으로 써나간다. 모음은 자음의 상 · 하 · 좌 · 우에 붙는다.

라오어와 타이어 자음 비교

ກ : ก	ຂ : ข	ຄ : ค	ງ : ง	ຈ : จ
ສ : ส	ຊ : ช	ຍ : ย	ດ : ด	ຕ : ต
ຖ : ถ	ທ : ท	ນ : น	ບ : บ	ປ : ป
ຜ : ผ	ຝ : ฝ	ພ : พ	ຟ : ฟ	ມ : ม
ຢ : อย	ລ : ล	ວ : ว	ຫ : ห	ອ : อ
ຮ : ฮ	ຣ : ร			

ຫງ : หง   ຫມ/ໝ : หม
ຫຍ : หย   ຫລ/ຫຼ : หล
ຫນ/ໜ : หน   ຫວ : หว

라오어와 타이어 모음 비교

xະ : อะ	xາ : อา	x̌ิ : อิ	x̌ี : อี	x̌ึ : อึ	x̌ื : อือ
xຸ : อุ	xູ : อู	ເxະ : เอะ	ເx : เอ	ແxະ : แอะ	ແx : แอ
ໂxະ : โอะ	ໂx : โอ	ເxາະ : เอาะ	x̊ : ออ	ເx̌ິ : เออะ	ເx̌ີ : เออ
ເxັຍ : เอีย	ເxຍ : เอีย	ເx̌ືອ : เอือ	ເx̌ອ : เอือ	x̌ົວະ : อัวะ	x̌ົວ : อัว

ສະຫຼະພິເສດ 4 ໂຕ

ໄx : ไอ   ໃx : ใอ   ເx̌ົາ : เอา   x̌ຳ : อำ

고전문학 작품

태국의 고전문학 작품들은 대부분 불교와 힌두교의 직·간접적인 영향을 받은 종교적 색채가 짙은 작품들이다.

문자로 기록된 최초의 문학작품으로 꼽히는 것은 쑤코타이 왕조 람캄행 대왕의 비문ศิลาจารึกพ่อขุนรามคำแหงมหาราช이다. 이 비문은 평이한 말로 쓰여진 산문형식을 갖추고 있으며 가부장적이고 자비로운 통치를 했던 람캄행 대왕의 자기소개, 정치방식, 민중의 다양한 풍습 등을 기록하고 있다.

쑤코타이 왕조의 리타이 왕은 뜨라이 품 프라루엉ไตรภูมิพระร่วง을 저술했다. 이 작품은 욕계와 색계, 무색계에 관한 이야기를 내용으로 하고 있으며 불교의 교리에 입각한 민중의 교화를 목적으로 쓴 작품이다. 프라루엉 금언집สุภาษิตพระร่วง이나 최초의 여류 문학가로 일컫는 궁녀 낭 놉파맛นางนพมาศ이 궁중 생활과 1년간의 풍습을 내용으로 쓴 타우씨쭐라락 교본ตำรับท้าวศรีจุฬาลักษณ์과 같은 것들도 이 시기의 대표적 작품이다.

아윳타야 왕조에 들어 태국에서 최초로 운문으로 평가되고 있는 작품인 리릿 옹깐챙남ลิลิตโองการแช่งน้ำ이 창작되었다. 이 작품은 초대 우텅อู่ทอง 왕이 브라만 승려에게 명하여 만든 의식용 시로서 종교적 색채가 강하고 국왕이 신하에게 충성을 서약 받기 위해 만들어진 것으로 알려져 있다.

뜨라이록까낫 왕 시기 만들어진 마하찻 캄루엉มหาชาติคำหลวง, 부처의 일대기이나 쏭탐 왕 때 개작한 깝 마하찻กาพย์มหาชาติ 등은 종교적 목적으로 쓰여진 시문이다.

쑨턴푸

고전 문학사 가운데 걸작 중 하나인 리릿 프라러ลิลิตพระลอ는 리릿이라고 하는 시 형식의 작품으로 태국판 로미오와 줄리엣이라고 할 수 있는 비련의 이야기이다.

태국 고전문학의 황금기는 나라이 왕 시기이다. 나라이 왕 자신은 문인으로서 스스로 시를 짓고, 당시의 시인이나 학자를 왕궁에 초빙하여 왕궁이 마치 문학살롱과 같았다고 한다. 그는 많은 시인들을 후원하고 배출했다. 당시 씨쁘랏ศรีปราชญ์은 나라이 왕의 총애를 받았던 문학가였다. 깜싸루언 씨쁘랏กำสรวลศรีปราชญ์이나 아니룻 깜찬อนิรุทธ์คำฉันท์은 그의 대표작으로 문학사에 남겨지고 있다.

태국 고전문학 작품을 통하여 일반적으로 알 수 있는 사실은 운문이 주류를 이루고 있으며 종교적 색채를 띔과 동시에 국왕을 신격화하여 찬미하는 경향의 작품이 많다는 것이다. 후세에 일부 문학가들이 지적한 바 같이 태국의 고전문학은 특정계층을 위한 것이었다고 볼 수 있다.

1767년 아유타야가 버마에게 망함으로써 귀중한 건축물과 문헌을 소실당하게 되었다. 톤부리에 새 왕조를 건립한 딱씬 왕은 인도의 서사시 라마야나의 태국판 라마끼안รามเกียรติ์ 이야기의 일부를 집필했다. 그 후에 이 작품은 랏따나꼬씬 왕조의 라마 1, 2, 4, 5, 6세에 의해서도 집필됐다. 역대 국왕이 경쟁적으로 이 일을 한 것은 이야기의 주인공인 프라람พระราม, 라마 왕으로 비슈누 신의 화신을 태국 국왕과 동일시함으로써 왕실의 권위를 높이기 위한 것이었다.

라마 1세 때 삼국지연의三國志演義가 현대 타이어로 번역된 것은 매우 획기적인 일이었는데, 번역자는 당시의 재무부 장관เจ้าพระยาพระคลัง(หน)이었다. 그는 몬족과 버마 족의 전쟁 기록물인 라차티랏ราชาธิราช을 번역한 사람으로도

문학사에 이름을 남기고 있다.

라마 2세 때는 태국문학 제2의 전성기였다. 왕 자신이 문학적인 재능이 있어 다수의 명작을 썼을 뿐 아니라 동시대의 시인을 많이 확보했기 때문이다. 이 시기는 쑨턴푸สุนทรภู่, 1786~1856라고 하는 태국 최초의 민중시인이 나타난 시기로 그의 재능은 라마 2세에 의해 발굴되었다. 당시까지 왕실과 귀족의 전유물에 가까웠던 태국 고전문학을 민중의 것으로 만든 것은 그의 공적이었다. 그는 기행시紀行詩나 금언집의 작가로서 유명하지만 쿤 창 쿤 팬이라는 장편 시ขุนช้างขุนแผน, 추남으로 돈 많은 쿤 창과 가난한 미남으로 용감한 쿤 팬 2인이 한 명의 미인을 쟁취하는 이야기로 고전문학 중 걸작의 하나의 공동 집필자 중의 한 명으로서, 특히 프라 아파이마니พระอภัยมณี라는 태국 문학에 나타난 최초의 픽션의 저자로 높게 평가받고 있다. 이 작품은 피리의 달인인 왕자 프라 아파이마니를 주인공으로 하는 사랑과 모험의 대하 역사물로, 파란만장한 일생을 보냈던 방랑시인 쑨턴푸 자신의 그림자가 짙게 배어 있다. 태국에 인쇄술이 전래된 것은 1836년이었는데 1870년 프라 아파이마니는 상업출판되어 베스트셀러가 되었다.

악순환의 태국정치: 군과 쿠데타

태국에는 1932년 최초로 성공한 군부 쿠데타가 발생하였다. 1932년 쿠데타는 절대군주제를 붕괴시키고 입헌군주제 도입을 목적으로 하였다. 그러나 1932년 이래 80여 년이 지난 시점까지 문민통치의 전통이 확립되지 못하고 상당 기간은 군부 과두제통치가 행해졌으며 군부 쿠데타의 악순환이 반복되고 있다.

1932년 이래 2014년까지 모두 20차례 이상의 쿠데타가 발생했으며 이 중 성공한 쿠데타의 수는 12차례_{1932, 1933, 1947, 1951, 1957, 1958, 1971, 1976, 1977, 1991, 2006, 2014}이다. 평균적으로 4년에 못미쳐 한 차례 쿠데타가 발생한 셈이니 하원의원 선거가 4년마다 실시되는 것을 감안하면 태국의 정권교체 수단은 투표_{ballot}가 아니라 총탄_{bullet}에 의해서 이루어졌다고 볼 수 있을 정도다. 1932년 6월 27일 최초의 헌법이 제정된 이래 2014년까지 19차례의 헌법을 갖고 선거는 모두 25차례 치러졌다. 이 같은 현상을 통해 볼 때 태국 정치가 얼마나 불안정한가를 알 수 있다.

1. 군부의 강점

태국 군은 역사적으로 국가독립유지에 성공했고 태국인들이 가장 신뢰하고 존경하는 왕실과 밀접한 관계를 맺어 왔다. 이러한 점은 군부의 강점을 만드는 가장 기본적인 요인이 된다. 태국은 아웃타야 왕조 때 버마에게 일시적으로 두 차례의 식민지 지배를 받은 적이 있으나 빠른 시일 내에 자력으로 독립을 회복했다. 19세기 들어 다른 동남아 국가들이 서구 국가들의 식민지 지배를 받게 되었을 때 태국은 예외로 독립을 유지했는데, 이런 과정에서 군의 역할이 컸다. 또 군 통수권자인 국왕과 왕실은 직접 전쟁에 참여하여 성공적인 전쟁수행 능력을 보여주거나 국가 독립을 유지하는데 탁월한 외교적 능력을 발휘해 왔다. 과거부터 태국에는 군과 민간의 구별이 없었으며 국왕은 동시에 군인이기도 했다. 근대화되면서 군과 민간 사이에 기능상의 구별이 생긴 후에는 왕족들이 군의 요직을 맡아 왔다. 군은 민간 관료와 함께 가장 먼저 근대화된 엘리트 집단이기도 하다. 근대화된 후 절대왕정 기간 중 왕족, 귀족으로부터의 장교 충원율은 87%에 달했다. 현재 태국 군의 통수권자는 국민들의 존경을 한 몸에 받고 있는 입헌군주 푸미폰 국왕이다. 또 왕비는 원수 계급을, 왕세자와 둘째·셋째 공주는 각각 육·해·공군 3군 모두의 대장 계급을 갖고 있다.

민간 관료체제와 동일한 역사적 뿌리를 갖는 군부는 다른 민간정치조직이 탄생되기 이전부터 국가의 근대화 과정을 통하여 직업주의화 됨으로씨, 1932년 쿠데타 당시 민간관료와 함께 대국사회의 가장 강력한 집단이 되었다. 이후 군부는 민간관료체제를 지배하였으며 민간정치조직이 갖추지 못한 정치적 자원인 고유의 강점을 갖춤으로써 민간영역에 용이하게 침투할 수 있었다.

태국 군은 뛰어난 응집력과 조직력 외에도 여러 가지 정치적 강점을 보유하고 있다. 군은 임명 상원직을 통해 정치적 영향력을 행사하며 군인은 행Thai Military Bank의 대주주이고, 국영기업체 임원직을 비롯해 대기업 이사회에 참여하여 부를 축적했다. 국방부와 재향군인회도 몇 개의 사업을 독점하고 있다. 이런 부의 축적을 통해 군 지도자들은 지지자들을 규합하고 정치적 파벌을 형성하며, 정치력을 강화시킴으로써 정치적 강점을 갖게 되었다. 뿐만 아니라 군은 TV와 라디오 방송국을 소유하고 있는데, 쿠데타 거사 시 또는 군의 정책을 홍보하는 데 큰 역할을 하게 된다. 태국 육군은 전국에 2개의 TV방송국과 210개의 라디오 방송국을 소유하고 있다.

빈번한 군부쿠데타로 태국의 민주주의 정치과정은 제도화되지 못했고 정치적 악순환이 계속되었다. 쿠데타에 이어 새로운 헌법과 정당이 탄생하고 선거가 실시되며, 또 다른 쿠데타가 발생할 위기 시까지 일시적으로 의회체제에 입각한 통치가 행해지는 예가 비일비재했다.

2. 태국정치의 변화

1960년대까지 군부가 주도하는 고도로 폐쇄적이던 태국의 정치구조는 경제발전에 따른 사회구조의 분화와 사회세력의 성장과 더불어 1970년대 이후부터 지속적으로 약화되기 시작하였다. 1973년 10월 14일 학생혁명으로 1932년 이래 지속되어 온 군부권위주의 정권이 붕괴되고 이후 준準 민주주의semi-democracy가 도입되었다. 준 민주주의 정치체제는 1980년 3월 쁘렘 정권เปรม ติณสูลานนท์, 1980~1988 집권 후 본격적으로 개막되었다. 군과 민간관료들은 경제발전과 사회구조 변화에 따라 정치적 영향력이 강화되는 비관료세력들과 권력을 나누어 갖게 됐다.

경제발전의 결과 중산층과 전문직이 확대되었으며, 시민조직과 NGO들이 다수 출현했다. 기업가 계층과 시민사회운동세력들은 중요한 정치세력으로 부상했다. 또 정당들도 과거와 달리 대중정당으로서의 지지기반이 확대되었다.

1980년 이후 1981·1985년 두 차례의 쿠데타가 발생했으나 모두 불

발로 그치고, 헌정중단 사태 없이 1983년·1986년·1988년 등 세 차례의 선거가 치러졌다. 1990년대 들어 1991년 한 차례의 쿠데타가 발생했으나 1992년 5월 민주화 운동이 성공한 후에는 1992년 3월과 9월, 1995년, 1996년 모두 네 차례의 선거가 치러졌다. 1980년 이후 모두 일곱 차례의 선거를 치르면서 평화적으로 정권교체를 한 것이었다.

1997년 이후 태국의 정치는 또 한 차례의 큰 변화를 맞게 되었다. 국민의 헌법이라고 불렸던 개정헌법이 만들어진 것이다. 1997년 개정헌법의 내용은 1980년대 이후 태국의 정치구조를 특징지은 준 민주주의 체제의 한 단계 높은 질적 변화를 꾀하는 것이었으며 완전한 민주주의 실현을 지향하는 것이기도 했다.

개정헌법은 선거제도의 변화를 통해 과거와 같은 극심한 다당제를 지양하여 정당과 의회정치의 질적 발전과 정치적 안정을 도모하며, 상원을 직접 선출해 민간관료와 군의 상원 진출을 억제시키고 정치적 영향력을 약화시키려 했다. 또 국민의 권리와 자유를 보강함으로써 풀뿌리 민주주의 실현에 대한 기대를 높여 놓았을 뿐 만 아니라 사법적, 준사법적 기구를 신설해 행정부와 입법부를 견제할 수 있는 사법권을 강화시키고 국민의 권익을 보장하기 위해 노력했다.

3. 탁씬 정권과 2006년 쿠데타

1997년 개정헌법에 따라 치러진 2001년, 2005년, 2006년 하원의원 선거에서 탁씬ทักษิณ ชินวัตร이 이끄는 타이락타이 당พรรคไทยรักไทย이 압승했다. 그럼에도 불구하고 2006년 9월 19일 또 다시 쿠데타가 발생했다. 1991년 쿠데타가 발생한지 15년만의 일이다.

2006년 쿠데타는 타이락타이 당 일당 주도의 정부 하에서 야기된 극심한 정치·사회적 혼란과 이로 인한 정부의 정통성 약화에서 비롯되었다. 타이락타이 당은 집권 후 치러진 모든 선거에서 압승하여 1당우위제를 확립했으며 의회 내 절대 다수석을 차지하고 실제로 태국 최초의 단독정권을 구성했다. 따라서 과거 같은 다당제 연립정부로부터 비롯된 정치적 불안정은 현저하게 감소되었다.

탁씬 정권은 선거기간 중 환심성 논란을 불러일으킨 대중영합주의적인 정책populism 공약을 실현시키면서 국민들의 압도적 지지를 받았다. 국민들 사이에는 모든 문제의 해결을 탁씬 개인에게 맡기려는 경향이 생겨났으며 그는 종종 "백마 탄 기사"로 불려지기도 했다. 그러나 대중영합주의 정책을 추진 중 스스로 CEO라고 불리기를 원했던 탁씬은 일의 효율성과 업적을 중시하면서 점차 권위주의적으로 변해 갔다. 그의 권위주의적 통치행태가 뚜렷하게 나타난 대표적인 사례는 인권탄압과 언론자유의 훼손, 시민 사회운동 세력과의 갈등, 독립적인 기구들과 상원의 활동에 대한 간섭 등에서 찾아 볼 수 있다.

탁씬 정권의 권위주의 통치행태에 대한 대표적 반대운동세력은 언론재벌인 쏜티 림텅꾼สนธิ ลิ้มทองกุล 등을 중심으로 한 국민민주주의 연대PAD라는 시민사회운동단체였다. 이 단체는 탁씬의 권위주의적 통치행태를 비난하면서 총리 권한을 강화했었던 1997년 헌법의 개정과 한 발 더 나아가 탁씬 총리의 탄핵까지 요구하기 시작했다. 반탁씬 세력의 탁씬 퇴진 운동에 본격적으로 불을 붙인 사건은 탁씬과 그 일가가 보유하고 있던 친 코퍼레이션Shin Corp의 지분매각 사건이다. 이 사건이 발발하기 전에도 부정부패 사건은 탁씬 정권의 정통성을 크게 훼손시키고 있었다. 국영기업의 민영화를 통한 특정 기업특혜, 주가조작, 특정 집단을 위한 경제정책 입안, 공무원사회의 부정부패, 뇌물 등 부정의 형태도 다양했다.

탁씬 친나왓

그러나 무엇보다도 국민들의 불만을 산 것은 탁씬과 가족, 친지의 부정부패문제였는데 주식매각사건은 가장 전형적인 예가 되었다. 탁씬과 그 일가가 보유하고 있던 친 코퍼레이션의 지분 49.59%를 싱가포르 국영투자기구인 테마섹Temasek에 모두 매각해, 총 733억 밧의 수익을 얻었고, 합법적인 면세 혜택을 받아 260억 밧의 세금 역시 한 푼도 내지 않았다. 이 사건은 탁씬을 퇴진시키는 데 가장 결정적인 것으로 기록되고 있다.

4. 잉락 정권과 2014년 쿠데타

1) 탁씬 세력과 암맛 세력의 갈등

하지만 탁씬 정권을 몰락시킨 보다 근본적인 원인은 기득권 암맛อำมาตย์ 세력과의 갈등에서 찾아 볼 수 있다. 암맛이란 원래 왕의 고위 신하들을 일컫는데 왕실과 밀착된 정치 주도세력왕실, 군부, 관계, 재계을 뜻한다고 보면 된다. 탁씬 집권 이전 정치세력들과 달리, 절대권력을 장악한 탁씬은 암맛세력과 갈등을 겪으면서 권력을 강화하려 했던 것이 정권 몰락의 중요한 요인으로 꼽히고 있다.

2006년 쿠데타 후 만들어진 2007년 헌법은 임명상원직 신설 등 암맛세력의 힘을 강화시킨 헌법이었지만, 2007년 선거에서도 탁씬 계열의 팔랑쁘라차촌 당พรรคพลังประชาชน이 과반수에 약간 못 미치는 의석을 획득해 제1당이 돼 집권했다. 팔랑쁘라차촌 당 정권은 2008년 12월 부정선거 혐의로 헌법재판소에 의해 해산되었다. 이후 군부와 헌법재판소의 힘을 업고 민주당이 주도하는 연립정권이 집권하게 되었으나 친탁씬 '레드셔츠red shirts'의 반격으로 2011년 조기총선 후 물러나고, 2011년 선거에서는 탁씬 계열 정당인 프어타이 당พรรคเพื่อไทย이 의회 과반수 의석을 상회하는 265석을 차지해 탁씬 전 총리의 9남매 중 막내 여동생인 잉락 친나왓ยิ่งลักษณ์ ชินวัตร이 총리직에 올랐다.

2) 잉락 정권과 탁씬 사면법안

잉락 총리 집권 후 파국은 다시 예견되었다. 잉락은 2008년 대법원에서 부정부패 혐의로 징역 2년형이 확정된 후 형 집행을 피해 망명 중인 탁씬의 귀국과 사면을 성사시키기 위해 사면법안 국회통과를 추진해 왔는데, 이는 2014년 5월 22일 쿠데타를 불러온 직접적인 원인이 됐다. 법안은 하원 통과 후 상원에서 부결되었지만, 민주당을 비롯한 반정부 연합세력들은 이 사건을 계기로 잉락 총리 집권 2년여 동안의 몇 가지 실정쌀수매가 정책 실패와 메가프로젝트 추진의 불투명성, 부정부패 등을 이유로 들면서 2013년 11월초부터 정권퇴진을 주장하게 됐다.

특히 쑤텝 트억쑤반สุเทพ เทือกสุบรรณ이 이끌고 있는 국민민주개혁위원회 PDRC: People's Democratic Reform Committee는 잉락 정권 퇴진과 동시에, 국민회의를 구성해 중립적 인사를 총리로 임명하고 정치개혁을 추진하자고 주장했다. 이에 대해 잉락 총리는 2014년 2월 2일 총선을 실시해 우선 정부에 대한 신임을 묻자고 맞서면서 양측의 갈등은 심화되었다.

민주당과 PDRC의 보이코트 속에서 총선이 치러진 결과 프어타이 당 자체집계에 의하면 하원 300석 정도를 획득할 것으로 예상되었으나, 3월 21일 헌법재판소는 "현행 헌법에 따라 선거는 전국에서 같은 날 치러져야 하지만 지난 2월 총선은 그러지 못했다"면서 선거무효 결정을 내렸다. 총선은 후보자 부재 때문에 민주당 아성인 남부 28개 선거구에서 시행되지 못했을 뿐 아니라 총선 반대시위로 다른 지역의 수십 개 선거구에서도 제대로 치러지지 못한 바 있다.

잉락 총리가 재선거를 추진하고자 하는 가운데 5월 7일에는 2011년 잉락 총리가 탁씬의 처남을 경찰청장으로 임명하기 위해 국가안보회의 사무총장을 경질시킨 후 당시 경찰청장을 그 자리에 임명했는데, 이는 국가이익을 위함이 아닌 개인의 사리사욕을 채우기 위한 인사이므로 총리를 권력남용 혐의로 해임한다는 헌법재판소의 판결이 내려졌다. 그 다음날인 5월 8일 반부패위원회(NACC, National Anti-Corruption Commission)는 잉락 전 총리가 쌀 고가 수매정책으로 국가 재정 손실을 입힌 혐의가 인정된다고 밝혔다. NACC는 조사 결과를 상원에 보고하고 검찰에 기소 의견을 제출하기로 했다.

하지만 프어타이 당은 헌법재판소 판결에 대해 '새로운 형태의 쿠데타'라고 반발한 뒤 잉락의 뒤를 이어 니왓탐롱 분쏭파이싼 부총리를 총리 권한대행으로 임명하고 무효화된 선거를 다시 추진하고자 했으나, 반정부 시위대는 이를 인정하지 않고 중립적인 인물로 새 과도 총리를 임명해 과도 정부를 구성하고 개혁작업을 선거 전에 실시해야 한다는 주장을 굽히지 않았다. 양 측의 "선 개혁, 후 선거"와 "선 선거, 후 개혁" 주장은 한치의 양보

잉락 친나왓

쁘라윳 짠오차

도 없이 대립되고 있었다.

이런 가운데 쁘라윳 짠오차ประยุทธ์ จันทร์โอชา 육군사령관은 5월 20일 계엄령을 선포한 후, 이어 22일에는 정치적 교착과 소요 끝에 안정과 질서를 회복하기 위해 군이 권력을 장악했다고 밝히고 쿠데타를 선언했다. 며칠 후에는 국가평화질서유지위원회NCPO: National Council for Peace and Order, คณะรักษาความสงบแห่งชาติ 의장인 자신의 지위를 푸미폰 국왕이 공식 인정했다고 발표했다.

3) 쿠데타 후 정국전망

쿠데타 이후 쁘라윳 의장은 2014년 8월 24일부터 스스로 총리의 자리에 올라 과도내각을 이끌게 되었다. 뿐 만 아니라 사실상의 최고권력 기구인 국가평화질서유지위원회 의장직도 겸직했다.

이 기구의 명에 따라서 임시헌법이 제정되고, 국가입법회의와 국가개혁작업을 담당할 국가개혁위원회가 임명되었으며 국가개혁위원회에서는 헌법초안위원회를 임명해 헌법개정작업을 추진했다.

헌법초안위원회가 기초한 개정안은, 국민이 선출하지 않은 총리를 임명할 수 있고, 상원의원 일부도 임명하게 되어 있었다. 뿐만 아니라 국가 위기 시에 최고사령관, 육·해·공 3군 사령관, 경찰총장 등이 포함된 국가 개혁과 화해 전략위원회위기관리위원회, คณะกรรมการยุทธศาสตร์การปฏิรูปและการสร้างความปรองดอง가 행정, 입법권을 장악해 개입할 수 있도록 하는 조항 등도 담겨 있었다.

군사정권이 헌법개정을 통해 궁극적으로 노리고 있는 점은 한마디로 '선출되지 않은 권력'을 강화하고 탁씬 전 총리 세력의 재집권을 무력화시키거나 봉쇄시키겠다는 것이었다. 하지만 비민주적인 헌법개정안은 2015년 9월 6일 국가개혁위원회 전체회의에서 부결되었다. 개헌안이 부결됨에 따라 앞으로 새로운 헌법초안위원회가 구성돼 새로운 헌법초안을 180일 이내2016년 3, 4월 경으로 예상에 만들어야 하며, 총선은 2017년 중반기에나 치러질 것으로 예상된다. 그만큼 민정 이양시기가 연기될 것이라는 의미이다.

어쨌든 이번 헌법개정작업은 순조롭게 진행될 것 같지 않다. 암맛 세력의 전면에 나선 군부가 이미 고령에 접어든 푸미폰 국왕 이후 시기를 염두에 두려고 할 것이기 때문이다. 2006년 쿠데타 후 만들어진 2007년 헌법은 1997년 헌법의 승자독식 성격의 다수제적 특성을 크게 약화시키고, 사법부와 헌법재판소, 반부패위원회 등 독립기구의 권한을 대폭 강화했다. 그럼에도 불구하고 2007년과 2011년 총선에서 탁씬 계열의 정당들이 모두 승리했다. 따라서 이번에는 '선출되지 않은 권력'을 훨씬 더 강화하는 쪽으로 헌법을 개정하려고 하지만 개정안 부결사태에서 보듯이 암맛세력과 군부의 의견을 일방적으로 관철시키는 일도 쉽지는 않다.

그들은 이번 헌법개정을 통해서 푸미폰이라는 자신들의 절대 보호자가 사라진 상황 속에서 권력을 제도화할 수 있는 확실한 방법을 모색하려 할 것이기 때문에 앞으로 친, 반 탁씬 세력간의 갈등은 더욱 심화될 것이며 정치위기는 지속될 수 밖에 없을 것이다.

셔츠 색깔에 담긴 정치

근래 태국에는 색깔로 정치색 가르기가 유행처럼 돼버렸다. 가장 먼저 생겨난 것은 노란색이다. 2006년 12월 5일 푸미폰 국왕 탄신 80주년이 되는 때, 내무부는 국왕에 대한 사랑과 충성을 표하기 위해 국민들에게 노란색 옷을 입도록 권장했다. 노란색은 푸미폰 국왕이 태어난 요일의 상징색이다.

태국은 각 요일마다 상징색을 갖고 있다. 일요일은 붉은색, 월요일은 노란색, 화요일은 분홍색, 수요일은 초록색, 목요일은 오렌지색, 금요일은 하늘색, 토요일은 보라색이다. 각기 다른 색깔에는 신화적 의미를 덧붙인다. 예를 들어 일요일 붉은색의 의미는 시바신이 사자 6마리를 가루로 만들어 붉은 천으로 싼 뒤 영생의 물을 뿌리니 붉은색 태양이 생겨났다는 식이다.

노란색이 정치적인 색깔로 바뀐 시기는 2006년 초 국민민주주의연대 PAD: People's Alliance for Democracy, พันธมิตรประชาชนเพื่อประชาธิปไตย가 본격적으로 탁씬 총리 퇴진 운동을 벌였던 시기다. 붉은색은 2008년 말 반탁씬 세력인 민주당의 아피씻 총리 정부 발족 후 이에 반발해 친탁씬 독재 저항 민주주의 연합전선UDD: United Front for Democracy Against Dictatorship, แนวร่วมประชาธิปไตยต่อต้านเผด็จการแห่งชาติ이 정권 퇴진을 요구하면서부터 중요한 정치적 색깔이 됐다.

붉은색·노란색과 함께 의미 있는 정치 색깔은 분홍색이다. 분홍색은 태국 국민들이 존경하는 라마 5세 쭐라롱껀 대왕이 탄생한 화요일의 색이다. 2007년 푸미폰 국왕이 씨리랏 병원에서 치료를 받고 퇴원할 때 분홍색 재킷을 입었다. 지금 태국에는 노란 색의 옷은 눈에 잘 띄지 않는다. 국왕을 존경하는 색깔 패션의 트렌드가 노란색에서 분홍색으로 바뀌었다고 볼 수 있다. 붉은색은 여전히 애용되고 있다.

어쨌든 지금도 태국의 양대 정치세력을 표현 할 때는 노란색 셔츠Yellow Shirts와 붉은색 셔츠Red Shirts로 분류하고 있다. 이들은 주로 반 탁씬과 친 탁씬 세력을 대표한다. 반 탁씬 노란셔츠는 탁씬과 그 지지 정권을 농촌 유권자들의 무지를 악용한 부패한 포퓰리즘 정권으로 규정한다. 포퓰리즘 정책에 매수당한 농민과 빈자들은 민주주의를 올바로 이해하지 못하기 때문에 투표권을 제한해야 한다는 극단적인 주장을 하고 있다. 이들은 2006년 9월 쿠데타를 지지했고 2007년 개악된 헌법을 만드는 데도 앞장섰다. 그 주요 내용은 임명상원제도의 일부 부활, 정당정치와 의회의 권한을 약화시키고 관료체제와 사법부의 권한을 강화시키는 등 민주주의를 후퇴시킨 것들이다. 개악된 헌법으로 치러진 2007년 선거 후에도 탁씬이 지지한 팔랑쁘라차촌 당이 압승을 거두었지만 막무가내식으로 정부청사와 쑤완나품 국제공항을 점거한 채, 군부와 사법부 지지를 받아 두 명의 총리를 쫓아내기도 했다. 뿐 만 아니라 2011년 출범한 탁씬의 여동생 잉락정부를 축출하고 2014년 쿠데타를 지지했다. 대의민주주의 원리를 부정하고 법치를 무시하는 "탱크 리버럴"이라고 비난받기도 하는 이들은 주로 군부, 관료, 방콕을 중심으로 한 중산

붉은셔츠

노란셔츠

층, 왕정지지 기득권세력들과 이해를 같이한다.

이에 반해 붉은셔츠는 탁씬이 물러난 2006년 9월 쿠데타 발생 후 이에 반대해서 생겨난 친 탁씬 지지 세력이다. 이들은 2010년 4월과 5월 민주당 정권에 반대하는 시위를 벌여 2011년 7월 선거를 쟁취했으며 잉락을 지지하여 친탁씬 정권을 탄생시켰다. 형법 112조 왕실모독죄 조항을 개정하자는 이들은 포퓰리즘 정책을 통해서 농민과 빈자를 보호하고 엘리트 민주주의, 낡은 관료주의 세력을 청산하여 일부 특권층이 아닌 모든 국민이 주인이 되는 진정한 민주주의를 실현할 것을 주장한다. 하지만 국왕을 정치적으로 선점해 버린 노란셔츠 세력에 의해 반왕정, 친 공화정 추진세력으로 몰리고 있다. 지역적으로는 북부와 동북부 농민과 도시 빈민들의 입장을 대변하고 있다.

국왕과 정치

태국에는 1932년 입헌혁명으로 쑤코타이 왕국 이래 약 700년간이나 지속되어 왔던 절대군주제가 붕괴되었다. 혁명 후 입헌군주제가 도입된 이래 모두 3명의 입헌군주가 즉위했다. 최초의 입헌군주가 되었던 라마 7세 1925~1935는 혁명 주체 세력과의 알력을 빚던 중 1935년 퇴위했다. 두 번째로 즉위한 라마 8세1935~1946는 즉위 당시에 성년의 나이에 이르지 못하여 섭정이 그 역할을 대신하던 중, 1946년에 가서야 정식으로 왕위에 올랐으나 의문의 죽음을 당하게 되었다.

이어서 현재의 태국국왕인 라마 9세, 푸미폰 국왕이 즉위했다. 1946년 즉위 당시 19세였던 푸미폰 국왕은 스위스의 로잔대학University of Lausanne을 수료하고 1950년 귀국하여 공식 대관식을 치른 후 입헌군주로서의 역할을 수행하게 되었다. 그는 성공적인 입헌군주직을 수행함으로써 1986년 12월 5일 60회 생일에 푸미폰 대왕King Bhumibol Adulyadej "the Great"으로 추대되어 입헌군주로서는 최초의 대왕이 되는 영광을 누리게 되었을 뿐 아니라 1988년에는 태국 역사상 가장 오래 재위한 국왕이 되었다.

오늘날 재위 반세기를 훨씬 넘긴 푸미폰 국왕은 절대적인 카리스마를 발휘하면서 태국사회의 가장 영향력 있는 인물이 되었다. 비근한 예로 2006년 9월 19일 군사 쿠데타가 발생했을 때 국왕의 승인여부가 쿠데타 성공의 열쇠가 되었다. 과거 쿠데타와 마찬가지로 푸미폰 국왕은 쿠데타를 일으킨 쏜티 분야랏깔린สนธิ บุญยรัตกลิน 장군을 민주개혁회의 의장으로 정식 임명함으로써 쿠데타가 성공할 수 있었던 것이다.

푸미폰 국왕은 입헌군주다. 입헌군주는 정치적 실권이 없는 '의전'상의 존재이며 정치적 역할이 금지되고 있다. 그러나 푸미폰 국왕은 절대군주 못지않게 정치·사회적으로 막강한 영향력을 발휘하고 있다. 이유는 그가 가진 카리스마 때문이라고 할 수 있다.

불교 국가인 태국에서 입헌군주 푸미폰 국왕은 진정한 불교도 국왕의 자질을 보여 왔다. 국민의 이익과 행복을 위해서 불법佛法에 따라 행동하고 통치한다는 믿음을 국민들에게 확실히 심어 주었다. 그 대표적인 예를 왕실개발계획에서 찾아 볼 수 있다.

일종의 경제사회 개발계획이라고 할 수 있는 왕실개발계획은 내용에 따라 수자원 및 관개개발, 토지개발, 농업개발, 연구개발, 보건위생, 교육개발 등의 범주로 분류할 수 있다. 푸미폰 국왕은 이른바 태국판 새마을 운동이라고 할 수 있는 왕실개발계획을 성공적으로 실행해 옴으로써 모든 국민들에게 "우리를 잘 살게 해 준 아버지 같은 왕"으로 각인되어 있다.

이에 대한 공로로 유엔으로부터 특별상을 수상하기도 한 푸미폰 국왕은 세계에서 가장 열심히 일하는 왕, 태국 역사상 국민들로부터 가장 사랑받는 국왕이 되었다.

왕실개발계획이 성공할 수 있었던 이유 중 하나는 푸미폰 국왕이 갖는 재정적 능력에서도 찾아 볼 수 있다. 왕실재산국은 싸얌시멘트사Siam Cement Company와 태국상업은행Siam Commercial Bank의 지분을 포함해 상당 규모의 자산을 소유하고 있는 것으로 알려져 있다. 푸미폰 국왕은 이런 재산을 투자하여 이 계획의 상당 부분을 성공시켰다.

푸미폰 국왕의 카리스마는 몇 가지 요인에 의해서 더욱 강화되고 있다. 우선 법적, 제도적인 장치가 만들어져 있다. 태국헌법에는 국왕은 지존의 존재이며 누구도 국왕의 지위를 침해할 수 없으며 국왕을 비난하거나 고소할 수 없다고 규정되어 있다.

태국 형법은 국왕, 왕비, 그의 상속자나 섭정을 비방, 모욕하거나 위협하는 자는 3년에서 15년까지 형벌에 처해지도록 규정하고 있다. 그뿐만 아니라 푸미폰 국왕의 카리스마는 매스컴을 통해서도 강화되고 있다. 군과 정부 홍보국이 소유하고 있는 TV방송국들은 매일 뉴스 프로그램 등을 통해 왕실의 역할을 널리 홍보하고 있다.

왕실가족과 왕위계승

1. 왕실가족

푸미폰 국왕 พระบาทสมเด็จพระปรมินทรมหาภูมิพลอดุลยเดช

1927년 12월 5일 미국 매사추세츠주 케임브리지에서 출생했다. 아버지 마히돈 왕자의 2남 1녀 중 막내이며 라마 5세 쭐라롱껀 대왕의 친손자이기도 하다. 2살 되던 해에 태국으로 귀국하였으나 1년도 채 되지 않아 아버지 마히돈 왕자가 병으로 사망하자 6살이 되던 해에 전 가족이 스위스로 이주하여 생활하였다. 1946년 6월 9일에 왕위를 계승하고, 1950년 4월 28일에 프랑스 주재 태국대사의 딸이었던 씨리낏 왕비와 결혼한 후 귀국해 1950년 5월 5일 공식 대관식을 치뤘다. 씨리낏 왕비와 사이에 1남 3녀의 자녀를 두었다.

씨리낏 왕비 สมเด็จพระนางเจ้าสิริกิติ์ พระบรมราชินีนาถ

1932년 8월 12일 출생했으며 1950년 푸미폰 국왕과 결혼한 후 그를 도와 왕실 개발계획을 추진했으며 다양한 자선사업도 벌렸다. 하지만 정치개입에 대한 비난을 종종 받고 있다. 그녀를 지지하는 촌부리 소재 보병 2사단 21연대는 왕비 근위부대로 이 부대 역대 지휘관들은 태국판 하나회를 만들어 정치적 영향을 행사하고 있다.

우본랏 공주 첫째 공주 ทูลกระหม่อมหญิงอุบลรัตนราชกัญญา สิริวัฒนาพรรณวดี

1951년 4월 5일 출생하였으며, 미국 MIT를 졸업하고 미국인 피터 젠슨

Peter Ladd Jensen과 결혼하여 1남 2녀의 자녀를 두었으나 이혼하여 태국에 거주하고 있다. 외국인과 결혼했기 때문에 공주 직위는 박탈당했다.

와치라롱껀 왕세자 สมเด็จพระบรมโอรสาธิราช เจ้าฟ้ามหาวชิราลงกรณ์ สยามมกุฎราชกุมาร

1952년 7월 28일 출생했으며 1972년 12월 28일 왕세자로 임명되었다. 1975년 호주 왕립 사관학교Royal Military College Duntroon를 졸업했으며, 어머니인 씨리낏 왕비의 여동생의 딸과 정혼하였지만 딸 하나를 낳고 이혼하였다. 이후 여배우와 결혼하여 4남 1녀를 낳았으나 다시 이혼하고 두 번째 부인과 4명의 아들은 미국에 거주하며 1명의 딸만이 왕실 가족으로 대우받고 있다. 세 번째 부인인 씨랏พระเจ้าวรวงศ์เธอ พระองค์เจ้าศรีรัศมิ์ 왕세자비와 결혼하여 2005년 4월에 왕세손 티빵껀พระเจ้าหลานเธอ พระองค์เจ้าทีปังกรรัศมีโชติ을 얻었으나 2014년 말 다시 이혼했다.

씨리턴 공주둘째 공주 สมเด็จพระเทพรัตนราชสุดา เจ้าฟ้ามหาจักรีสิรินธร รัฐสีมาคุณากรปิยชาติ สยามบรมราชกุมารี

1955년 4월 2일 출생했으며 1976년 쭐라롱껀대학을 졸업하고 1979년 씰라빠껀대학에서 박사학위를 취득했다. 공주는 태국 국민과 국왕으로부터 많은 신뢰를 받고 있으며, 1977년 12월 5일에는 왕세자에 이은 왕위계승자격을 갖추게 되었다. 아직 미혼이다.

쭐라펀 공주셋째 공주 สมเด็จพระเจ้าลูกเธอ เจ้าฟ้าจุฬาภรณวลัยลักษณ์ อัครราชกุมารี

1957년 7월 4일 출생했으며 1979년 까쎗쌋대학을 졸업하고 1985년 마히돈 대학에서 박사학위를 취득했다. 공군 장교와 결혼해 두 딸을 두었으나 이혼했다.

쏨싸왈리 전 왕세자비 พระเจ้าวรวงศ์เธอ พระองค์เจ้าโสมสวลี พระวรราชาทินัดดามาตุ

1957년 7월 13일 출생했으며 왕세자의 첫번째 부인으로 이혼한 후에도 왕실 직위를 유지하고 있으며, 왕실행사에 모습을 나타낸다.

2. 왕위계승

푸미폰 국왕은 씨리낏สิริกิติ์왕비와의 사이에 1남 3녀를 두었다. 그 중 장남과 둘째 공주, 두 명이 왕위계승자격을 갖고 있다. 원래 1924년 왕위계승법은 남성 후계자만을 인정했지만 1974년 헌법에서 여성도 후계자가 될 수 있도록 했다. 아마도 와치라롱껀 왕세자의 자질에 문제가 있어서였을 것이다. 푸미폰 국왕은 1992년 한 인터뷰에서 "짐은 후계자의 성별이 중요하다고 생각하지 않는다"라고 언급한 적도 있다. 가장 최근에 만들어진 2007년 헌법에는 국왕이 1924년 왕위계승법에 따라 후계자장남를 임명할 수 있고, 이 법에 따르지 않고 후계자를 임명하는 경우에는 추밀원에서 후계자의 명단여성도 가능을 작성해 내각에 제출한 후 국회의 동의를 받아야 한다고 규정돼 있다. 또 국왕은 이 경우에 1924년 왕위계승법을 개정할 권한도 갖게 된다. 현재 왕자는 대체로 친 탁씬 성향을 갖고 있으며, 국민적 신망이 두터운 둘째 공주는 친 노란셔츠 성향을 갖는 것으로 알려지고 있다.

행정제도

1. 중앙정부

중앙정부는 수상청สำนักงานนายกรัฐมนตรี과 각 부กระทรวง로 구성되며 부의 장은 장관รัฐมนตรี이 된다. 부 밑에는 국กรม이 있으며 그 장을 국장อธิบดี이라고 부른다. 각 부에 소속되지 않고 총리실에 직접 소속된 정부 부서도 있다. 이들의 이름 앞에는 대부분 Officeสำนักงาน를 붙이게 되는데 예를 들면 국가불교 사무국Office of National Buddhism, สำนักงานพระพุทธศาสนาแห่งชาติ이라고 부르게 되는 것이다.

2. 지방정부와 자치정부

지방정부는 지방정부ราชการส่วนภูมิภาค와 자치정부ราชการส่วนท้องถิ่น로 구성된다. 한국과는 달리 지방자치권은 한정되어 있고 권력의 중앙 집중화가 높게 나타나고 있다. 내무부가 지방행정단위의 정책, 인사, 재정권을 통제하고 있다.

지방정부ราชการส่วนภูมิภาค는 도จังหวัด, 군อำเภอ, 면ตำบล, 동หมู่บ้าน 단위로 구성된다. 도는 수도 방콕을 포함해 77개이며 도지사ผู้ว่าราชการจังหวัด가 행정을 총괄한다. 군은 878개이며2010년 군수นายอำเภอ가 행정을 총괄한다. 면은 면장กำนัน이 행정을 총괄하며, 동은 동장ผู้ใหญ่บ้าน이 행정을 총괄한다. 도지사와 군수는 내무부장관이 임명한다. 단, 방콕 시장은 1985년까지는 중앙정부에서 임명했지만 그 해 11월 최초로 직선을 통해서 선출했다. 면은 9개의 동으로 구성되는데 동장은 주민이 직접 선출하며, 동장들이 그 들 중 한 명을 면장으로 선출하게 된다. 따라서 면장은 간접선거로 선출되는 셈이다.

자치정부ราชการส่วนท้องถิ่น는 일반 자치정부와 특별 자치정부로 나뉜다. 일반 자치정부의 경우 도 자치단체องค์การบริหารส่วนจังหวัด와 면 자치단체องค์การบริหารส่วนตำบล로 나뉜다. 도 자치단체는 주민이 선출한 자들로 의회와 집행부를 구성한다. 집행부 장은 주민 직선으로 선출하나, 이와 별도로 중앙정부에서 임명하는 도지사가 있으며, 실제 권한 및 위상에 있어 도지사가 더 우월한 실정에 있다. 뿐만 아니라 각 도에는 자치체เทศบาล가 있으며 자치체는 인구 수에 따라서 세 개 단위เทศบาลนคร, เทศบาลเมือง, เทศบาลตำบล로 나뉜다. 각 자치체는 시장นายกเทศมนตรี이 이끄는 행정부와 의회สภาเทศบาล가 설치된다. 이들은 모두 주민직선으로 선출한다. 면 자치단체도 주민이 선출한 자들로 의회와 집행부를 구성한다.

특별 자치정부ราชการส่วนท้องถิ่นรูปแบบพิเศษ는 특수한 지역에 설치되어 있다. 수도 방콕은 1985년부터 방콕광역정부กรุงเทพมหานคร라고 불린다. 팟타야는 팟타야 시เมืองพัทยา라고 불린다. 방콕은 방콕 시장ผู้ว่าราชการกรุงเทพมหานคร이 이끄는 행정부와 방콕 시의회สภากรุงเทพมหานคร가 있다. 시장과 시의회 의원은 주민이 직접 선출한다. 방콕에는 모두 50개의 구เขต와 그 밑에 동แขวง이 있다. 구청장과 동장은 방콕 시공무원 중 시장이 임명하며, 구의회 의원은 주민이 직접 선출한다. 팟타야 시는 시장นายกเมืองพัทยา이 이끄는 행정부와 시의회สภาเมืองพัทยา로 구성된다. 시장과 시의회 의원은 주민이 직접 선출한다.

좀 더 알아보기

역대 태국 총리와 내각, 1932~2015년

총리	임기년도	총 일수	정당
쁘라야마노빠껀니띠타다 พระยามโนปกรณ์นิติธาดา Phraya Manopakorn Nittada	1932~1933	358일	카나랏싸던 คณะราษฎร People's Party
쁘라야파혼폰파유하쎄나(폿 파혼요틴) พระยาพหลพลพยุหเสนา (พจน์ พหลโยธิน) General Phrya Phahol Pholphayuhasena	1933~1938	5년 178일	카나랏싸던 คณะราษฎร People's Party
쁠랙 피분쏭크람 แปลก พิบูลสงคราม Major Plaek Phibunsonggram	1938~1944	5년 229일	카나랏싸던 คณะราษฎร People's Party
쿠엉 아파이웡 ควง อภัยวงศ์ Major Khuang Aphaiwong	1944~1945	1년 30일	카나랏싸던 คณะราษฎร People's Party
타위 분야껫 ทวี บุณยเกตุ Thawee Bunyaket	1945	17일	없음
멈랏차웡 쎄니 쁘라못 หม่อมราชวงศ์เสนีย์ ปราโมช M.R. Seni Pramoj	1945~1946	136일	팍타이쎈타이 พรรคไทเป็นไท Free Thai
쿠엉 아파이웡 ควง อภัยวงศ์ Major Khuang Aphaiwong	1946	52일	팍쁘라차티빳 พรรคประชาธิปัตย์ Democrat Party
쁘리디 파놈용 ปรีดี พนมยงค์ Dr.Pridi Banomyong	1946	152 일	팍타이쎈타이 พรรคไทเป็นไท Free Thai
타완 탐롱나와싸왓 ถวัลย์ ธำรงนาวาสวัสดิ์ Rear Admiral Thawal Thamrong Navaswadhi	1946~1947	1년 79일	군인
쿠엉 아파이웡 ควง อภัยวงศ์ Major Khuang Aphaiwong	1947~1948	112일	팍쁘라차티빳 พรรคประชาธิปัตย์ Democrat Party
쁠랙 피분쏭크람 แปลก พิบูลสงคราม Field Marshall Plaek Phibunsonggram	1948~1957	9년 199일	군인, 팍쎄리마낭카씰라 พรรคเสรีมนังคศิลา Free Stone Seat Party
폿 싸라씬 พจน์ สารสิน Pote Sarasin	1957	102일	없음
타넘 낏띠카쩐 ถนอม กิตติขจร Field Marhall Thanom Kittikachorn	1958	292일	군인

총리	임기년도	총 일수	정당
싸릿 타나랏 สฤษดิ์ ธนะรัชต์ Field Marshall Sarit Thanarat	1959~1963	5년 50일	군인
타넘 낏띠카쩐 ถนอม กิตติขจร Field Marshall Thanom Kittikachorn	1963~1973	9년 209일	군인
싼야 탐마싹 สัญญา ธรรมศักดิ์ Professor Sanya Dharmasakti	1973~1975	1년 124일	없음
멈랏차웡 쎄니 쁘라못 หม่อมราชวงศ์เสนีย์ ปราโมช M.R Seni Pramoj	1975	27일	팍쁘라차티빳 พรรคประชาธิปัตย์ Democrat Party
멈랏차웡 크릿 쁘라못 หม่อมราชวงศ์คึกฤทธิ์ ปราโมช M.R Kukrit Pramoj	1975~1976	1년 37일	팍낏쌍콤 พรรคกิจสังคม Social Action Party
멈랏차웡 쎄니 쁘라못 หม่อมราชวงศ์เสนีย์ ปราโมช M.R Seni Pramoj	1976	169일	팍쁘라차티빳 พรรคประชาธิปัตย์ Democrat Party
타닌 끄라이위치안 ธานินทร์ กรัยวิเชียร *Thanin Kraivixien	1976~1977	1년 34일	없음
끄리앙싹 차마난 เกรียงศักดิ์ ชมะนันทน์ General Kriangsak Chomanan	1977~1980	2년 113일	군인
쁘렘 띤나쑬라논 เปรม ติณสูลานนท์ *General Prem Tinsulanonda	1980~1988	8년 154일	군인
찻차이 춘하완 ชาติชาย ชุณหะวัณ General Chatichai Choonhavan	1988~1991	2년 204일	팍찻타이 พรรคชาติไทย Chart Thai Party
아난 빤야라춘 อานันท์ ปันยารชุน *Anand Panyarachun	1991~1992	1년 141일	없음
쑤찐다 크라쁘라윤 สุจินดา คราประยูร *General Suchinda Kraprayoon	1992	47일	군인
미차이 르추판 มีชัย ฤชุพันธุ์ Meechai Ruchuphan (Acting)	1992	17일	없음
추언 릭파이 ชวน หลีกภัย *Chuan Leekpai	1992~1995	2년 293일	팍쁘라차티빳 พรรคประชาธิปัตย์ Democrat Party

총리	임기년도	총 일수	정당
반한 씬라빠아차 บรรหาร ศิลปอาชา *Barnharn Silapa-Archa	1995~1996	1년 13일	팍찻타이 พรรคชาติไทย Chart Thai Party
차왈릿 용짜이웃 ชวลิต ยงใจยุทธ *General Chavalit Yongchaiyudh	1996~1997	1년 106일	팍쾀왕마이 พรรค ความหวังใหม่ New Aspiration Party
추언 릭파이 ชวน หลีกภัย *Chuan Leekpai	1997~2001	3년 92일	팍쁘라차티빳 พรรคประชาธิปัตย์ Demcrat Party
탁씬 친나왓 ทักษิณ ชินวัตร *Police Lt. Colonel Dr. Thaksin Shinawatra	2001~2006	5년 134일	팍타이락타이 พรรคไทยรักไทย Thai Rak Thai Party
칫차이 완나싸팃 ชิดชัย วรรณสถิตย์ *Police General Chitchai Wannasathit (Acting)	2006	88일	팍타이락타이 พรรคไทยรักไทย Thai Rak Thai Party
쑤라윳 쭐라논 สุรยุทธ์ จุลานนท์ *General Surayud Chulanont	2006~2008	1년 120일	군인
싸막 쑨터라웻 สมัคร สุนทรเวช Samak Sundaravej	2008	233일	팍팔랑쁘라차촌 พรรคพลังประชาชน People's Power Party
쏨차이 웡싸왓 สมชาย วงศ์สวัสดิ์ *Somchai Wongsawat	2008	75일	팍팔랑쁘라차촌 พรรคพลังประชาชน People's Power Party
차와랏 차위라꾸 ชวรัตน์ ชาญวีรกูล *Chaovarat Chanweerakul(Acting)	2008	15일	팍팔랑쁘라자촌 พรรคพลังประชาชน People's Power Party
아피씻 웻차치와 อภิสิทธิ์ เวชชาชีวะ *Abhisit Vejjajiva	2008~2011	2년 231일	팍쁘라차티빳 พรรคประชาธิปัตย์ Democrat Party
잉락 친나왓 ยิ่งลักษณ์ ชินวัตร *Yingluck Shinawatra	2011~2014	2년 275일	팍프어타이 พรรคเพื่อไทย Pheu thai Party
쁘라윳 짠오차 ประยุทธ์ จันทร์โอชา *General Prayut Chan-o-cha	2014년 8월 24일~현재		없음

*현재 생존한 총리를 의미함.

출처 : Fry Gerald W, Nieminen Gayla S and Smith Harold E. 2013. *Historical Dictionary of THAILAND*. UK : Scarecrow Press Inc., pp. 505~506.

태국의 헌법 · 선거 · 쿠데타 1932~2014년

	헌법		하원선거		쿠데타와 혁명	
	년 월 일		년 월 일		년 월 일	비고
1	1932.06.27	1	1933.11.15	*1	1932.06.24	군, 관료혁명
2	1932.12.10	2	1937.11.07	*2	1933.06.20	군사 쿠데타
3	1946.11.09	3	1938.11.02	3	1933.10.11	
4	1947.11.09	4	1946.01.06	4	1935.08.05	
5	1949.03.23	5	1948.01.29	5	1939.01.29	
6	1952.03.08	6	1952.02.26	*6	1947.11.08	
7	1959.01.28	7	1957.02.26	7	1948.04.26	
8	1968.06.20	8	1957.12.15	8	1948.10.01	
9	1973.10.05	9	1969.02.10	9	1949.02.26	
10	1974.10.07	10	1975.01.26	10	1951.06.29	
11	1977.10.22	11	1976.04.04	*11	1951.11.26	
12	1977.11.10	12	1979.04.22	12	1954.11	
13	1978.12.22	13	1983.04.18	*13	1957.09.16	
14	1991.03.01	14	1986.07.27	*14	1958.10.20	
15	1991.12.09	15	1988.07.24	*15	1971.11.17	
16	1997.10.11	16	1992.03.22	*16	1973.10.14	학생혁명
17	2006.10.01	17	1992.09.13	*17	1976.10.06	군사 쿠데타
18	2007.08.24	18	1995.07.02	18	1977.03.26	
19	2014.07.22	19	1996.11.17	*19	1977.10.20	
		20	2001.01.06	20	1981.04.01	
		21	2005.02.06	21	1985.09.29	
		22	2006.04.02	*22	1991.02.23	
		23	2007.12.23	*23	2006.09.23	
		24	2011.07.03	*24	2014.05.22	
		25	2014.02.02			

*성공한 쿠데타를 의미함

경제

1. 경제 및 산업 구조

태국은 지난 1960년대 초 적극적인 산업화 정책을 추진해 온 이래 고도의 경제성장을 달성했다. 방대한 국토, 풍부한 자원 및 노동력, 건실한 농업 생산기반, 아세안 및 중국 등 역내 국가와의 교역 확대, 외자 유치를 통한 경제개발 추진 등으로 경제가 급속히 신장하여 아시아의 새로운 신흥공업국 중 하나로 성장했다.

태국은 수출이 GDP의 약 70%를 차지하는 수출지향 경제의 중진개도국으로, 동남아에서는 인도네시아 다음인 두 번째로 큰 경제 규모를 갖고 있다. 그러나 무역수지 적자 확대를 비롯해, 과도한 외자유입 및 대외신인도 하락으로 인한 단기 해외자금의 급속한 유출로 인해 1997년 외환위기가 발생하였다. 태국 정부는 IMF 구제금융 차입172억 달러, 변동환율제 채택, 경제구조 개혁을 적극적으로 추진해 1999년부터 마이너스 성장에서 벗어나기 시작하였으며, 2002년부터는 국내·외의 여러 가지 어려운 여건에도 불구하고 5% 이상의 성장률을 유지했다.

2010년대 이후 성장률을 살펴보면, 2010년에 7.8% 성장했으나, 2011년에는 대홍수로 인해 0.1% 성장에 그쳤다. 2012년 다시 회복된 경제성장률은 2013년 10월말부터 시작된 반정부 시위 등 정치불안이 지속됨에 따라 2.9% 성장에 그쳤다.

주요 경제지표

구분	2005	2006	2007	2008	2009	2010	2011	2012	2013
경제성장률(%)	4.5	5.2	4.9	2.6	△2.3	7.8	0.1	6.5	2.9
1인당GDP(달러)	2,724	3,191	3,724	4,072	3,936	4,735	5,112	5,382	5,673
물가상승률(%)	4.5	4.7	2.3	5.5	△0.9	3.3	3.8	3.0	1.7
실업률(%)	1.8	1.5	1.4	1.4	1.5	1.0	0.7	0.7	0.7
수출(억 달러)	1,092	1,279	1,500	1,753	1,509	1,937	2,191	2,259	2,254
수입(억 달러)	1,177	1,269	1,385	1,751	1,315	1,796	2,021	2,199	2,190
경상수지(억 달러)	△76	23	141	△2	219	132	59	△15	△28
외환보유액(억 달러)	521	670	875	1,110	1,384	1,721	1,751	1,816	1,672
총 외채(억 달러)	520	596	617	652	753	969	1,046	1,307	1,399

출처: 외교부. 2014. 「태국개황」 p.59 재인용.

태국의 산업구조를 살펴보면, GDP에서 농림·수산업이 차지하는 비중은 점차 축소되어 온 반면, 제조업·서비스업의 비중은 확대됐다. 태국은 전통적인 농업국가로서 농림·수산업의 대 GDP 비중이 1950년대에 47% 이상을 차지하였으나 2012년에는 8.4%까지 감소했다. 2012년 기준 GDP 대비 산업별 비중은 농림·수산업이 8.4%, 제조업·광공업·건설업이 43.5%, 관광·도소매·의료업 등을 중심으로 한 서비스 분야가 48.6%를 차지하고 있다.

2. 교역 · 투자

1) 수출 동향

태국은 2010년 세계 경기 회복에 힘입어 수출입이 급성장 했지만, 2013년도 전체 교역액은 전년 대비 0.01% 증가한 4,792억 달러로 정체상태이다. 특히 무역수지는 2011년 이래 계속해서 적자상태이며, 2013년 무역수지 적자액은 전년보다 확대된 222억 달러이다.

수출구조를 보면 2013년의 경우 전체 수출의 76.1%를 공산품에 의존하고 있으며 다음으로 농산물 9.9%, 농산물가공품 7.6%, 광물·원료가 6.4%를 차지하고 있다.

주요 수출품2013년 기준으로 공산품은 컴퓨터·자동차·전기회로·보석·섬유, 신발, 완구, 가구, 화학제품 등이며, 농수산물 및 연료는 쌀, 고무, 연료, 타피오카, 열대과일 및 채소, 양식새우 및 생선, 냉동 닭고기 등이다.

주요 수출국은 2013년을 기준으로 중국272억 달러, 미국230억 달러, 일본222억 달러 순이며 한국46억 달러은 태국의 열두 번째 수출 대상국이다.

2) 수입 동향

2013년 전체 수입의 약 64% 가량이 자본재·원재료 및 중간재이며, 소비재 비중은 9.0%이다. 주요 수입품목은 원유, 기계 및 부품, 귀금속, 전기기기/부품, 철강제품, 화학제품, 자동차 부품 등이다.

주요 수입국은 2013년을 기준으로 일본411억 달러, 중국377억 달러, UAE173억 달러, 미국146억 달러 순이며 한국91억 달러은 태국의 일곱 번째 수입국이다.

수·출입 동향

단위: 억 달러

구분	2010	2011	2012	2013
수 출 액	1,933	2,226	2,292	2,285
수 입 액	1,829	2,288	2,500	2,507
무역수지	103	-62	-208	-222
총 교역액	3,762	4,513	4,792	4,792

출처: 외교부. 2014. 『태국개황』 p.67 재인용.

3) 외국인 투자

2013년 중 외국인 투자 승인액은 전년도(177억 달러)보다 감소한 156억 달러이다.

외국인 직접투자 동향

구분	2008	2009	2010	2011	2012	2013
신고액(백만 밧)	297,462	350,755	236,059	396,348	647,974	524,768
승인액(백만 밧)	351,142	140,077	279,233	278,447	548,954	478,927
환율(기간 평균)	33.36	34.34	31.73	30.49	31.08	30.73
신고액(백만 달러)	8,917	10,214	7,440	12,999	20,849	17,077
승인액(백만 달러)	10,526	4,079	8,800	9,132	17,663	15,585

출처: 외교부. 2014. 「태국개황」 p.69 재인용.

3. 알아 두어야 할 경제 상식들

1) 태국 예산

2013년 태국 예산(2012년 10월 1일 발효)을 살펴 보면 다음과 같다. 예산 총액은 2조 4천억 바트(약 770억 달러) 이다. 예산 배분은 일반행정 20.8%, 국방 7.5%, 내무·안보 6%, 경제 19.6%, 환경 0.1%, 주택·지역개발 5.6%, 공공위생 10.6%, 종교·문화·레크레이션 0.8%, 교육 20.6%, 사회 8.4%로 구성되어 있다(2013년 한국의 예산규모 342조 원).

2) 태국의 지하경제

세계 은행의 조사에 따르면 1999~2006년 사이 태국 지하경제는 전체 경제 규모의 평균 51.9%를 차지하며, 조사 대상국 88개국 중 5번째로 지하경제의 비율이 높다. 유명한 짯뚜짝 시장ตลาดจตุจักร, Weekend Market은 지하경제의 훌륭한 예가 된다. 상점은 주말에만 열리고 가격은 정찰제가 아니며, 사거나 팔 때 부가가치세가 붙지도 않는다. 방콕의 가장 큰 슬럼가 클렁뜨어이คลองเตย의 주택들도 지하경제의 실례이다. 가장 상업적인 섹스사업은 지하경제의 대부분을 차지하고 있다.

끌렁뜨어이 슬럼가

짯뚜짝 시장

3) 자급경제

쎗타낏 퍼 피양เศรษฐกิจพอเพียง, Sufficiency Economy이라고 알려진 자족적 경제는 경제위기 여파가 몰아치는 와중인 1997년 푸미폰 국왕 탄신일 연설에서 도입된 개념이다. 과도하고 불필요한 물질적 소비의 최소화, 자립정신의 증대, 적합한 기술의 사용 등이 핵심 내용이다.

좀 더 알아보기

경제사회 핵심수행지표

핵심지표	액수(순위, 비율)	년도	세계순위
경제			
구매력평가기준 1인당 GDP	9,700 달러	2011	112/226
GDP 성장률	6.0%	2012	3/42
경상수지	65억 달러	2012	19/42
전반적 경쟁력	26위	2010	26/58
경제성장	6위	2010	6/58
정부효율성	18위	2010	18/58
사무능률	20위	2010	20/58
기초사회기반시설	46위	2010	46/58
GDP 대비 연구개발비용	0.21%	2007	
지니계수	0.536	2009	13/140
빈곤선 이하 인구비율	8.1%	2009	
국제화 지수	1.33	2012	
실업률	0.9%	2012	
인구			
출산률	1.66	2012	
60세 이상 인구	17.5%	2010	
인구증가율	0.54%	2012	147/230
인구가 두 배로 증가하는데 필요한 기간 (Population doubling time)	130년		
교육			
취업자 평균교육기간	8.2년	2010	
PISA(국제학업성취도평가)	422(3개 분야 테스트 평균)	2009	50/65
식자율	94.1%		

핵심지표	액수(순위, 비율)	년도	세계순위
경제			
대학교, 대학, 전문대 수	166	2012	
대학재학연령집단 비율	25%	2011	
행복도	20	2005~2009	79/155
건강			
GDP대비 의료비	4.3%	2009	
비만인구 비율	7.8%	2003	
기대수명	74	2010	
에이즈 바이러스			
젠더			
고등교육 남성대비 여성비율	1.24	2009	
여성 CEO 비율	30%	2011	1/39
여성 고위 매니저 비율	45%	2011	1/39
스포츠			
2010 아시아게임 (금)메달수	금메달 11개, 전체메달 52개	2010	8-9/45
2011 동남아시아게임 (금)메달수	금메달 109 개, 전체메달 329 개	2011	2/11
2012 런던 올림픽 결과	은메달 2개, 동메달 1개	2012	

출처: Fry Gerald W, Nieminen Gayla S and Smith Harold E, 2013. *Historical Dictionary of THAILAND*. UK : Scarecrow Press Inc., pp. 495~496.

직업별 봉급 비교

	회계	행정/비서직	고객 서비스	엔지니어	기술사업	금융
최저액	20,000	20,000	25,000	15,000	30,000	35,000
최고액	220,000	220,000	80,000	300,000	300,000	200,000
	인적자원	정보통신 기술	정보통신 기술 사업	보험	법률	물류
최저액	35,000	20,000	50,000	45,000	30,000	40,000
최고액	200,000	200,000	200,000	60,000	150,000	60,000
	마케팅/홍보	의료/과학	판매	유통	기술/제조업	최고경영
최저액	25,000	35,000	25,000	20,000	20,000	70,000
최고액	180,000	200,000	220,000	130,000	150,000	600,000

출처: Amrime Douglas. 2012. *THAILAND at RANDOM*. Singapore : Tiem Wah Press. p. 96.

공무원 봉급(2011년 8월 8일 Daily News)
총리, 국회의장 125,590 밧/월
부총리 119,920밧
장관, 국회 부의장, 야당대표 115,740밧
하원의원 113,560밧
*위 액수는 봉급과 수당 합한 액수

10대 재벌기업들(2010년)

	회사	수입(밧, baht)
1	ปตท PTT	1조 9,438억5천만
2	เครือซิเมนต์ไทย Siam Cement Group(SCG)	3,341억 2천만
3	เครือไทยออยล์ IRPC	3,243억 5천만
4	뻐떠터 아로메띡 래 깐끌란 บริษัท ปตท อะโรเมติกส์ และการกลั่น จำกัด (มหาชน) PTT Aromatics and Refining(PTTAR)	2,773억 1천만
5	아이아피씨 บริษัท ไออาร์พีซี จำกัด (มหาชน) IRPC	2,238억
6	짜르언폭카판아한 บริษัท เจริญโภคภัณฑ์อาหาร จำกัด (มหาชน) Charoen Pokphand Foods(CPF)	1,950억 5천만
7	깐빈타이 บริษัท การบินไทย จำกัด (มหาชน) Thai Airways International	1,842억 7천만
8	엣쏘 บริษัท เอสโซ่ (ประเทศไทย) จำกัด (มหาชน) Esso(Thailand)	1,797억 4천만
9	뻐떠터 쌈루엇 래 파릿뻐뜨로리암 บริษัทปตท. สำรวจและผลิตปิโตรเลียม จำกัด (มหาชน) PTT Exploration and Production(PTTEP)	1,475억 7천만
10	씨피 얼 บริษัท ซีพี ออลล์ จำกัด (มหาชน) CP ALL	1,410억 3천만

출처: Amrime Douglas, 2012, *THAILAND at RANDOM*, Singapore : Tiem Wah Press, p. 140.

20대 재벌들

성명	순자산 (달러)	출생년도	주요기업
1. 타닌 찌아라와논 ธนินท์ เจียรวนนท์ และ ครอบครัว Dhanin Chearavanont and family	90억	1939년생	크르어짜르언폭카판 เครือเจริญโภคภัณฑ์ CP Group
2. 크럽크르워 찌라티왓 ครอบครัวจิราธิวัฒน์ (วันชัย จิราธิวัฒน์) Chirathivat family	69억	1927~ 2012년	끌룸쎈탄 กลุ่มเซ็นทรัล Central Group
3. 짜르언 씨리왓타나팍디 เจริญ สิริวัฒนภักดี Charoen Sirivadhanabhakdi	62억	1944년생	타이베워렛 บริษัท ไทยเบฟเวอเรจ จำกัด (มหาชน) ThaiBev
4. 크럽크르워 유윗타야 ครอบครัวอยู่วิทยา (เฉลียว อยู่วิทยา) Yoovidhya family	54억	1923~ 2012년	끄라팅댕 กระทิงแดง Red Bull
5. 끄릿 랏따나락 กฤตย์ รัตนรักษ์ Krit Ratanarak	31억	1946년생	끄룽텝토라탓 래 윗타유 บริษัท กรุงเทพโทรทัศน์และวิทยุ จำกัด Bangkok Broadcasting and Television Company
6. 짬농 피롬팍디 จำนงค์ ภิรมย์ภักดี Chamnong Bhirombhakdi	24억	1928~ 2015년	분럿브리우워리 บริษัท บุญรอดบริวเวอรี่ จำกัด Boon Rawd Brewery
7. 위차이 마리논 วิชัย มาลีนนท์ Vichai Maleenont and family	18억	1918~?	비이씨 월드 บริษัท บีอีซี เวิลด์ จำกัด (มหาชน) BEC world
8. 알록 로히아 อาลก โลเฮีย Aloke Lohia	16억	1958년생	인도라마 웬쯔엇 บริษัท อินโดรามา เวนเจอร์ส จำกัด Indorama Ventures
9. 쁘라쓰엇 쁘라쌋텅오쏫 ปราเสริฐ ปราสาททองโอสถ Prasert Prasarttong-Osoth	12억	1933년생	끄룽텝두씻웻차깐 กรุงเทพดุสิตเวชการ Bangkok Dusit Medical Service
10. 와닛 차이완 วานิช ไชยวรรณ Vanich Chaiyawan and family	11억 6천	1932년생	타이쁘라깐치윗 บริษัท ไทยประกันชีวิต Thai Life Insurance

성명	순자산 (달러)	출생년도	주요기업
11. 텅마 위찟퐁판 ทองมา วิจิตรพงศ์พันธุ์ Thongma Vijitpongpun	11억	1958년생	프릑싸리알에스뗏 บริษัท พฤกษา เรียลเอสเตท จำกัด Pruksa Real Estate
12. 잇싸라 웡꾸쏜낏 อิสระ ว่องกุศลกิจ Isara Vongkusolkit and family	10억	1948년생	남딴밋폰 น้ำตาลมิตรผล Mitr Phol Sugar
13. 분차이 벤짜롱카꾼 บุญชัย เบญจรงคกุล Boonchai Bencharongkul and family	9억 9천	1954년생	토털액세스컴뮤니케찬 บริษัท โทเทิ่ล แอ็คเซ็ส คอมมูนิเคชั่น จำกัด Total Access Communication
14. 쁘라닛씬 왓차라폰 ประณีตศิลป์ วัชรพล Praneetsilpa Vacharaphol	9억 5천	1932년생	낭쓰핌타이랏 หนังสือพิมพ์ไทยรัฐ Thai Rath newspaper
15. 쑤랑 쁘렘쁘리 สุรางค์ เปรมปรีดิ์ Surang Prempree	9억 3천	1942년생	끄룽텝토라탓 래 윗타유 บริษัท กรุงเทพโทรทัศน์และวิทยุ จำกัด Bangkok Broadcasting and Television Company
16. 쁘라윳 마하낏씨리 ประยุทธ มหากิจศิริ Prayudh Mahagitsiri and family	9억천 5백만	1945년생	넷까풰 ผลิตภัณฑ์เนสกาแฟหรือบริษัทเนสท์เล่ (ไทย)จำกัด Qualtiy Coffee
17. 폰텝 폰쁘라파 พรเทพ พรประภา Phornthep Phornprapha	9억	n/a	싸얌꼰라깐 สยามกลการ Siam Motors
18. 아난 앗싸와포킨 อนันต์ อัศวโภคิน Anant Asavabhokin	8억 4천만	1950년생	랜앤하우스 จำกัด (มหาชน)บริษัทแลนด์แอนด์เฮ้าส์ Lands and Houses
19. 키리 깐짜나팟 คีรี กาญจนพาสน์ Keeree Kanjanapas	8억 천만	1950년생	비티엣 끄룹 บีทีเอส กรุ๊ป BTS Group
20. 위차이 텅땡 วิชัย ทองแตง Winai Thongthan	6억 7천만	n/a	끄룽텝두씻 차깐 กรุงเทพดุสิตเวชการ Bangkok Dusit Medical Service

출처: Amrime Douglas. 2012. *THAILAND at RANDOM*. Singapore : Tiem Wah Press. p. 73.

한국과
태국의
만남

9

한국과 태국관계

1. 외교관계

태국은 1949년 10월 대한민국을 정식 승인한 이래, 1950년 11월 한국전쟁에 참전했다. 총 인원 15,708명 사망 136명, 부상 469명이 참전했으며, 전쟁이 끝난 후에도 1972년 7월 25일까지 육군 1개 중대 병력을 유지했던 우리의 전통적 우방국가이다. 현재 태국참전 기념비는 경기도 포천군 운천리에 세워져 있다.

한국과 태국은 1958년 10월 외교관계를 수립했다 한국의 9번째 수교국. 이후 1960년 3월 주 태국 한국대사관이 설치되고, 1961년 7월 주한 태국대사관이 설치됐다.

2. 경제관계

1) 교역 현황

양국 무역 규모는 2009년 세계 금융위기로 인한 경기침체로 감소했으나, 2010년 경기회복 및 한·태국 FTA발표(2010년 1월)로 무역량이 급증해 2011년 139억 달러로 역대 최고를 기록했다.

대 태국 수출·입 현황

단위: 백만 달러

구 분	2008	2009	2010	2011	2012	2013
총 교역	10,060 (21.8)	7,766 (-22.8)	10,628 (36.8)	13,872 (30.5)	13,574 (-2.1)	13,303 (-2.0)
수 출	5,779 (28.8)	4,528 (-21.6)	6,460 (42.7)	8,459 (30.9)	8,221 (-2.8)	8,072 (-1.8)
수 입	4,282 (13.6)	3,239 (-24.4)	4,169 (28.7)	5,413 (29.9)	5,353 (-1.1)	5,231 (-2.3)
무역수지	1,497	1,290	2,291	3,046	2,868	2,841

출처: 외교부. 2014. 『태국개황』 p.91 재인용.

한국의 대 태국 주요 수출품은 철강금속제품, 화학공업제품, 전자전기제품 순이며, 수입품은 농림수산물, 전자전기제품, 화학제품 순이다.

2) 투자 현황

2013년 말 기준으로 태국에 대한 해외직접투자는 총 2,060건, 누적액 27.2억 달러로 태국은 우리나라의 제26위 투자 대상국이다. 태국의 한국에 대한 투자는 총 268건, 9,620만 달러(2013년 말 누계, 신고기준)이다.

한·태국 연도별 투자 현황(신고기준)

단위: 백만 달러, 건

구분		2007	2008	2009	2010	2011	2012	2013	누계
대 태국 투자	금액	181.4	299.3	33.5	104.3	615.4	98.0	278.4	2,724
	건수	164	146	96	116	130	163	225	2,060
대 한국 투자	금액	2.0	2.1	46.5	2.9	2.6	22.4	3.0	96.2
	건수	21	34	31	35	23	28	22	268

*누계: 대 태국 투자 (1968~2013년), 대 한국 투자 (1962~2013년)

출처: 외교부. 2014. 『태국개황』 p.92 재인용.

업종별로 한국의 대 태국 투자는 제조업이 전체 투자의 약 63%를 차지하며, 광업 8.3%, 출판·영상 7.0% 등으로 구성된다. 제조업 중에는 1차 금속 제조업45.3%과 전자부품·컴퓨터 및 통신장비 제조업15.0% 투자가 주종이다.

태국 내 우리기업 수는 300여개이며2013년 3월 기준, 2000년 이후 전자·자동차부품 등 노동집약적 제조업을 중심으로 진출했으나 철강관련 기업들도 진출이 활발하다삼성전자, LG전자, 포스코 등. 최근에는 CJ·GS의 홈쇼핑 개국, 아모레퍼시픽 설화수 1호점 출시 등 유통·서비스 분야 투자도 확대 되고 있다.

3) 건설분야 수주 현황

1965년 12월 현대건설이 빳따니-나라티왓ปัตตานี-นราธิวาส 고속도로 건설을 수주541만 달러한 이래, 2014년 10월까지 약 125억 달러 규모의 수주실적을 보이고 있다. 주요 진출분야는 산업설비83.3억 달러, 건축8.1억 달러, 토목6.2억 달러 등이다.

건설수주 현황

단위: 건, 백만 달러

구 분	2007	2008	2009	2010	2011	2012	2013	2014.10	누계
건 수	16	10	12	9	8	5	11	4	178
금 액	2,021	1,633	1,116	100	376	1,163	979	378	12,519

출처: 외교부. 2014. 「태국개황」 p.93 재인용.

4) 노동협력

2004년 고용허가제 MOU를 체결한 이래, 2013년 누계기준 약 4만 8,000명의 태국 근로자가 한국에서 취업하고 있다.

인력 도입 현황(2014년 10월 기준)

단위: 명

구분	2004	2005	2006	2007	2008	2009	2010	2011	2012	2013	2014	누계
전체	3,167	31,618	28,976	29,561	43,950	19,999	33,666	49,130	53,640	58,512	40,792	393,011
태국	558	5,964	6,746	5,419	4,442	2,643	2,236	4,073	5,533	8,010	2,765	48,389
비중	17.6%	18.9%	23.3%	18.3%	10.1%	13.2%	6.6%	8.3%	10.3%	13.7%	6.7%	12.3%

출처: 외교부. 2014. 『태국개황』 p.95 재인용.

2014년 7월 말 현재 약 2만 2,000명이 한국 내 기업에서 근무하고 있는데 그 수는 베트남 4만 7,000명, 인도네시아 2만 9,000명, 캄보디아 2만 6,000명에 이어 4위이며, 태국의 인력 송출 대상국 중 한국은 타이완 약 7만 명에 이어 2위이다.

고용허가제 입국자의 불법체류율 2014년 7월 12.7%은 전체 송출국 15.7%에 비해 낮은 편이다.

인력 체류 현황(2014년 7월 기준)

단위: 명

구분		총 체류자	합법체류자	불법체류자	불법체류율
태국	계	69,572	44,687	24,885	35.8%
	고용허가제	21,982	19,190	2,792	12.7%
전체	계	1,622,868	1,435,289	187,579	11.6%
	고용허가제	245,095	206,581	38,514	15.7%

출처: 외교부. 2014. 『태국개황』 p.95 재인용.

북한과 태국 관계

북한과 태국은 1975년 5월에 외교관계를 수립하였다. 1979년 12월에는 주 태국 북한 통상대표부를 개설하고, 1985년 7월에는 주 말레이시아 북한 대사가 태국 대사를 겸임하게 되었으며, 1991년 3월에는 주 태국 북한대사관을 개설하였다. 태국은 주 베이징 대사가 북한 대사를 겸임하고 있다.

북한과 태국 양국 간 교역은 1990년대 연평균 4,000만 달러 수준에서 2006년 2억 7,000만 달러 수준으로 확대되었다. 그러나 2008년 이후 대폭 감소해 2013년에는 8,700만 달러 수준에 머물러 있다.

북한의 대 태국 교역 현황

단위: 백만 달러

구분	2006	2007	2008	2009	2010	2011	2012	2013
총 교역액	273.6	213.0	70.7	44.3	45.1	62.2	85.7	87.7
수출액	69.6	33.5	26.9	13.9	15.2	21.9	13.9	9.6
수입액	204.1	179.5	43.8	30.4	29.9	40.3	99.8	75.7
수 지	-134.5	-146.0	-16.9	-16.5	-14.7	-18.4	-85.9	-68.5

출처: 외교부. 2014. 「태국개황」 p.109 재인용.

한국과 태국 인연의 역사

1. 태국 군의 6.25전쟁 참전

일반적으로 한국과 태국의 역사적 인연은 6.25전쟁으로 시작된 것으로 알려져 있다. 태국의 6.25전쟁 참전은 반공을 표방한 피분แปลก พิบูลสงคราม 군사정부에 의해 이루어졌다. 당시 태국은 미국의 지지를 받아 동남아에서 공산주의 세력팽창 저지를 위한 전략지역으로 설정되어 있었다. 1949년 중공정권의 수립, 인도차이나국가들의 공산화에 대한 우려 등은 태국의 안보 위협을 가중시켜 한국 파병을 결정케 했다.

태국은 전쟁 발발 5일 후 유엔 회원국 중 최초로 쌀 4만 톤 제공 의사를 밝힌 데 이어, 전투병력도 파견했다. 방콕의 클렁뜨어이คลองเตย 항구를 출발한 태국군 본진은 1950년 11월 7일 부산항에 도착했다.

태국 군은 전쟁 중 여섯 차례 병력을 교체 투입했는데, 맨 마지막 6차 파병은 1954년 5월 22일에 이루어졌다. 연 참전 인원 수는 1만 5천여 명, 전사 군인수는 136명이었다. 휴전 후 끝까지 잔존해 있던 육군 1개 중대 병력은 경기도 운천 지역에 주둔하다가 1972년 7월 완전히 철수했다. 현재 전쟁에 참여한 태국 왕비 근위연대인 보병 2사단 21연대ชลบุรี 소재에는 한국전쟁 참전기념탑과 기념관이 세워져있고, 한국에는 경기도 포천군 영북면 운천리에 태국군 참전비와 경기도 연천군 청산면 장탄리에 38선 돌파 기념비가 세워져 있다.

2. 인연의 시작, 고려 말

사실상 양국의 역사적 인연은 6.25전쟁 훨씬 이전인 고려 말부터 간헐적으로 이어져 왔다.

양국간 최초 접촉은 공양왕 3년인 1391년 음력 7월에 이루어졌다. "섬라곡暹羅斛 왕이 나이 껑 등 8명을 사신으로 삼아 배를 감독하게 하고 토산물을 싣게 하여 고려 국왕에게 바치도록 명했습니다"라고 고려사에 기록되어 있다.

태국 왕실무역선의 선장으로 보이는 나이 껑의 방문목적은 태국 국왕을 위해 새 무역시장을 개척하려는 시도였으며, 또한 사무역 상인으로서 자신의 네트워크를 확대하려는 노력이었다고 분석되고 있다. 그는 태국 국왕이 파견한 공식 외교 사신은 아닌 것으로 보인다. 태조실록에 따르면 이성계가 조선을 창건한 이듬해인 1393년 또 다른 태국인인 장쓰다오乃 張思道가 조선을 방문했다. 그는 태국에 체류하거나 활동의 거점을 둔 화상華商으로 추측되는데 이전의 나이 껑과 같이 공식 외교 사신이 아닌 사적인 무역에 종사하는 자로 보인다. 1393년 말에서 1394년 초 사이에는 조선정부가 태국 사신 일행의 내방에 대한 답례로 배후裵厚를 태국에 사절로 보냈다. 그 배경에는 태국과의 무역에 대한 태조 이성계의 관심이 중요한 역할을 했다. 하지만 그가 실제로 태국을 방문했다는 기록은 발견되지 않고 있다. 이후 태국측으로부터 린더장林得章. 華商으로 추측 일행이 조선을 방문하기도 했는데 그들 역시 외교사절이 아니고 사무역상으로 추정된다.

3. 16세기 말 임진왜란, 재개된 인연

14세기 말 처음으로 이루어졌던 양국의 역사적 인연은 16세기 말에 다시 이어졌다. 명사明史에 의하면, 1592년 임진왜란이 발생하자 나레쑤언 대왕สมเด็จพระนเรศวรมหาราช, 1590~1605은 배후에서 일본군을 공격할 것을 제안하는 사절단을 중국에 파견했다. 그러나 이 제안은 중국정부에 의해 거절되었다. 나레쑤언 대왕이 일본 파병을 요청한 이유는 해외무역과 관련이 있던 것으로 볼 수 있다. 당시 나레쑤언 대왕은 전통적으로 태국의 해외무역에서 중요한 남중국해 및 동중국해 무역이 일본의 패권확립으로 위협받을 것을 우려한 것으로 추측된다.

4. 고종때 온 허필제 일행

1880년 고종 17년에 조주潮州 사람과 섬라暹羅 사람들로 이루어진 상선이 난파당해 충남 서천군 서면 도둔리와 마량리에 표착하는 사건이 발생했다. 비변사등록備邊司謄錄, 승정원일기承政院日記, 일성록日省錄 등에는 1880년에 조선 조정이 허필제許必濟를 필두로 한 조주인과 태국인을 구휼한 뒤에 중국 대륙으로 송환시키는 내용이 기술되어 있다.

표류 당시에 선박에 타고 있었던 인원수는 총 28명이 중 태국인 18명이었다. 이들 가운데 태국인 1명은 표류 과정에서 불행히도 물에 빠져 사망했고, 나머지 27명은 표류 끝에 간신히 표착할 수 있었다. 태국인 남성들은 모두 배를 운항하는 선원으로 추정되며, 중국인인 허필제는 태국과 중국 대륙 남북을 오가면서 물자 운송과 교역에 나선 선주였다. 나머지 중국인들은 화주 또는 선원으로 추측된다.

허필제 일행은 1880년 물자 교역과 운송을 위해 태국에서 출발하여 대륙 북쪽으로 올라왔다가, 귀환할 때 산동 해역에서 폭풍을 만나 선박이 파선되어 한반도에 표착했던 것이다. 그 해 조선 조정의 도움을 받아 중국 대륙으로 이송되었다가 이듬해 고향으로 귀환했다. 허필제는 1927년 태국 방콕에서 사망해 그곳에 묻혔는데 현재 그의 후손들은 주로 태국과 홍콩에 살고 있으며, 일부가 고향 전포촌(前埔村)에 살고 있다고 전해진다.

5. 동남아의 인삼 상인과 태국의 한인들

전 근대 시대 한-태 양국 간의 간헐적이고 우연한 교류는 단순히 문화 접촉 수준에 그쳤다고 볼 수 있다. 한인들이 본격적으로 태국을 포함한 동남아 지역에 진출하기 시작한 것은 근대에 들어와서부터이다. 만주 등의 한인이주가 독립운동을 위한 대량 이주였던 것과는 달리, 한인들의 동남아지역 이주는 생계를 위한 개인적인 차원에서 이루어졌으나 독립운동에도 어느 정도 재정적 기반을 마련해 준 것으로 알려져 있다.

한국의 인삼 상인들은 중국을 거쳐 홍콩으로 진출했으며 그곳에서 또 다시 동남아 각지로 뻗어 나갔다. 당시 고려인삼은 전 세계인들에게 그 뛰어난 약효가 알려져 있었기 때문에 꽤나 인기가 있었다고 한다. 한인들이 동남아지역에 진출한 시기는 1900년대 초반부터였다.

특히 싱가포르에 상당수의 한인들이 진출하고 있었다. 한인 인삼상인에 대한 1916년 2월 17일자 조선총독부 관보의 내용은 다음과 같다.

"남양 및 인도 방면으로 도항하려는 조선인으로서 조선에서 발급한 여권 또는 신분증명서를 휴대하지 않고는 일본정부 재외공관의 보호를 받기 어려우므로 일반 인민에 알리도록 경무총장 및 각 도 장관에 통첩하다. 근시 조선인으로서 인삼판매 기타행상을 목적으로 신가파新嘉坡, 싱가포르 지방에 도항하는 자가 점증했으나 기 대부분이 여권을 소지하지 않고 동지에 도착한 후 다시 인도, 섬라太國, 마닐라, 란령蘭領 인도 방면으로 가기 위해서 재신가파 일본 영사관에서 여권을 내려고 하는 자가 적지 않다."

일제 강점기에 어느 정도의 한인들이 동남아에 거주하였는가에 대한 정확한 자료는 없지만 500~600명으로 추산되며, 교원·학생·관리 및 잡화상·약종상을 제외한 대부분은 고려인삼상이었다는 1931년 1월 23일 자 동아일보 보도가 있다.

태국의 경우는 어떠했을까? 1919년 3월 일제의 조사에 따르면 태국에 있는 한인은 5명으로 모두 조선인삼의 행상을 본업으로 했다고 한다. 정원택이라는 사람이 쓴 기록에 따르면 1917년 방콕을 방문했을 때 의주 출신의 인삼 상인을 만났다고 하고, 임시정부에서 내무차장을 지낸 이두산이라는 사람도 방콕에 거주지를 두고 1930년대 인삼 행상을 했다고 한다. 이러한 내용은 한국독립운동사 편찬위원회에서 발간한 『1920년대 이후 일본·동남아 지역 민족운동』에 실려있다. 하지만 아쉽게도 이들의 행적에 대한 상세한 내용은 아직까지 밝혀지지 않고 있다.

1964년 초대 한인회장을 역임한 이경손李慶孫도 태국에서 인삼상을 경영하였을 가능성이 높다는 주장도 있다. 그는 시나리오작가 겸 영화감독으로 한국영화 초창기의 선구자적인 영화인으로 평가되고 있으며, 한국인에 의한 최초의 다방 카카듀를 경영한 인물로도 알려졌으나 항일색채를 띠었다는 명목으로 일제의 극심한 탄압을 받았다. 1931년 상해로 망명해 임시정

이경손

부에서 활동했으며, 상해에서 다시 태국으로 탈출했다. 그는 2차 세계대전이 끝난 후 사업가로 변신했다. 1966년 이경손이 신동아에 연재한 "방콕 생활 40년"에는 인삼상과 관련된 기록이 전혀 보이지 않는다. 그는 방콕에 도착한 후 영어교사, 출판사, 수출중개상 등을 했다고 한다.

현재 태국에는 한류 · K-Pop · 씨리 까올리รีย์เกาหลี, 한국 TV 드라마 등을 통해서 한국이 알려져 있지만, 이전에는 아리랑과 함께 인삼이라는 말이 한국의 대표 브랜드였다. 특히 지금까지도 태국 신문에는 대한민국을 쏨 카우 โสมขาว, 백삼 라고 칭하고, 북한을 쏨 댕 โสมแดง, 홍삼이라고 칭하는 것을 가끔 볼 수 있다. 일반적으로 인삼이라는 말이 태국군의 6.25전쟁 참전 후 태국에 알려졌다고 생각하기 쉽지만, 그 역사는 이보다 훨씬 전인 1900년대 초 인삼 상인들의 동남아와 태국 진출로부터 유래되었다고 볼 수 있는 것이다.

6. 일제의 강제동원

동남아 지역에 한인들이 대규모로 진출하게 된 것은 일제의 강제동원 때문이었다. 1941년 12월 태평양전쟁을 일으킨 이후 전장이 확대되면서 일제는 한인들을 전쟁터로 끌고 나갔다. 1944년경까지 동남아 지역에는 포로 감시원, 공사작업 노무자 등 한인들의 수가 3만 명을 넘었다고 한다.

태국은 1941년 12월 21일 일본과 군사동맹을 체결하고 다음해 1월 25일 영국과 미국에 대해서 선전포고했다. 전쟁기간 중 일제의 영향 하에 있

콰이강의 다리

던 태국은 일본군의 전쟁물자 수송을 위한 육상 철도건설에 협조하게 된다. 이른바 죽음의 철도로 알려진 태국-버마간 철도는 1942년 9월 16일 태국 깐짜나부리ⱼɢʜᴡá́ᴅᴋáɴᴄʜáɴáʙᴜʀɪ에서 시작되었다. 태국과 버마 사이의 415km에 걸쳐 건설된 태면泰緬철도에는 연합국 포로 55,000명이 동원되었고 그 중 13,000명이 사망했다. 이를 소재로 한 영화가 〈콰이강의 다리The Bridge on the River Kwai, 1957년 작〉였다. '콰이'는 타이어로는 '쾌แคว'로 발음한다.

일제는 연합군 포로수용소의 감시요원으로 한국인을 강제동원해 이 곳 콰이강 다리 건설현장 포로수용소에 배치했다. 김주석金周奭은 태평양 전쟁 기간 중 포로 감시원으로 태국에 끌려간 인물이다. 태국에 배치된 감시원들은 주로 콰이강의 다리 건설현장인 깐짜나부리 인근의 포로수용소에 배치되었다. 건설공사 현장에 있지 않았고 치앙마이 포로수용소 분소에 감시원으로 배치되어 있었던 김주석은, 도리어 영국포로 4명과 함께 탈출을 감행함으로써 일본군에 대한 저항과 연합군 포로에 대한 인간적인 대우를 몸으로 실천했다. 그는 추적하는 일본 헌병대에 체포된 후 방콕으로 압송되어 총살당한 비운의 주인공이다.

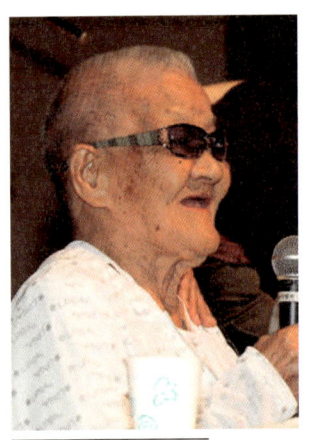

노수복

노수복盧壽福도 빼놓을 수 없는 인물이다. 그녀는 21살의 나이로 우물터에서 빨래를 하던 중 일본경찰에 의해 강제로 싱가포르에 일군 위안부로 끌려갔다. 2차 세계대전 말기 말레이시아에 있던 그녀는 태국 남부 핫야이로 탈출 한 후 중국계 남성과 결혼했다. 하지만 위안부 후유증으로 아이를 낳지 못했고, 남편이 두 번째 부인을 맞아들여 아들을 갖게 되자 노수복은 그들과 함께 살았다고 한다. 노수복의 사정이 한국에 알려지자 한국정부는 그녀의 귀국을 도와 40여 년 만에 고국을 일시 방문하기도 했다. 한국말을 거의 잊어버렸지만 어린 시절 살았던 주소와 아버지·동생의 이름을 잊지 않고 있었고, 민요 아리랑과 도라지를 또렷이 기억하고 있었다. 생일을 기억하지 못했던 그녀는 8월 15일 광복절을 생일로 삼기도 했다. 노수복은 2011년 태국에서 별세했으며 유골은 경상북도 예천군 선산에 안장되었다. 앞의 이경손, 김주석, 노수복 등과 비슷한 처지에 있었던 사람들 중 일부는 2차 세계대전이 끝난 뒤에도 태국에 남아 자의반 타의반으로 태국인들과 결혼했으며 오늘날 2만여 명에 이르는 재태 한인의 1세대가 된 것이다.

7. 재태 한인사회

재태 한인사회 형성 과정을 살펴보면, 제1세대는 2차 세계대전 중 일본군 또는 군속으로 징용되어 태국에 정착하였거나, 일제시대 때 중국 등에서 거주하다 종전 후 태국에 이주한 사람들로 구성된다. 1세대 한인들은 1964년 '야자수회'를 조직했고 이 조직은 '재태국 대한민국 교민회'초대 교민회장 이경손를 거쳐 현재의 사단법인 재태국한인회The Korean Association In Thailand로 명칭이 바뀌게 되면서 태국에 거주하는 한국인 모두가 회원의 자격을 갖게 된다. 1966년 박정희 대통령이 태국을 방문했을 때 기록을 보면 태국에 거주하는 교민은 모두 87명이었다남성 51명, 여성 36명.

제 2세대는 베트남 전쟁 당시 베트남에 갔다가 팟타야에 있는 미군 기지에서 부두 하역, 건설업, 용역업 등과 관련된 일을 했던 사람들이 모여서 형성된 세대들이다. 또 일부는 중동 건설 붐과 함께 중동으로 태국 인력 송출 등을 하면서 정착한 사람들로 주로 무역, 여행업, 요식업 등에 종사했다.

제 3세대는 1980년대 후반 이래 한국의 해외여행 개방에 따라 태국에 대한 한국인 관광객이 급증하면서 관광관련산업에 진출한 교민들과 한국 투자 진출 증가 등 한·태 경제협력관계 증진에 따른 상사 지사원 및 투자업체 직원 등으로 구성되는데 이들이 현재 재태한인의 대다수를 차지하고 있다.

재태한인의 인구수는 2012년 12월 31일 기준으로 20,000명이다남성 11,343명, 여성 8,657명. 지역별로 보면 방콕 14,900명, 치앙마이 2,000명, 푸껫 1,800명, 촌부리와 라용 등한국 공단 밀집지역에 1,300명이 거주하고 있다. 거주 자격별로 보면 시민권자 53명, 영주권자 114명이며 대다수는 일반체류자17,098명와 유학생2,735명들이다.

쑤쿰윗 12 한인상가

한류와 태류

1. 한류와 태류

6·25전쟁은 한국과 태국 양국관계를 강화시키는 계기가 되었다. 아시아 최초로 참전한 태국군은 1952년 11월 경기도 연천 서북방 20km에 위치했던 포크찹Porkchop 고지전투에서 중공군을 맞아 무적의 용맹을 자랑하여 리틀 타이거พยัคฆ์น้อย라는 별명을 얻었다. 당시 전투를 태국 사람들은 두고두고 자랑스럽게 여기고 있다. 6·25전쟁에 참전한 태국의 작곡가 벤짜민เบญจมินทร์은 태국판 아리랑이라고 할 수 있는 씨앙 크루언 짝 까올리เสียงครวญจากเกาหลี를 작곡했다. 이어 째즈 싸얌แจ๊สสยาม감독은 1980년 영

태국군 참전 기념비

화 〈아리랑อารีดัง〉을 제작했고, 이는 다시 1997년 TV 드라마 〈아리랑〉으로 새롭게 태어났다. 태국 장교와 한국 소녀와의 사랑 이야기가 그 줄거리이다. 태국 사람들이 한국하면 떠올린 것이 6·25전쟁과 아리랑이었다면 한국사람들은 킹스컵 대회를 기억하고 있을 것이다. 킹스컵은 입헌군주국인 태국의 푸미폰 국왕을 기념하는 국제축구대회로 1968년에 창설되었다. 당시 우리는 킹스컵대회에서 우승하면 월드컵 우승 이상으로 기뻐했다. 태국을 찾는 한국인 수 100만여 명, 한국을 찾는 태국 관광객 수도 이미 30만 명을 상회하고 있는 현재 시점에서는 포크찹 고지전투, 아리랑, 킹스컵의 역사보다는 한류와 K-Pop을 통해 양국 간 이해가 각별해지고 있다.

한류는 태국 사회의 보편적인 현상이 되었다. 한류는 영화, TV 드라마, 대중음악으로부터 시작해 패션, 음식, 게임, 애니메이션 등 뿐 아니라 한국 상품으로까지 그 외연이 확대되고 있다.

몇 년 전 필자가 만난 적이 있는 씨린턴 공주는 당시 태국 TV에서 질찬리에 방영 중인 드라마 선덕여왕을 거론하며 "미실이 죽고 나서 드라마가 재미없어진다"고 말할 정도로 한국 드라마에 큰 관심을 보였다. 이제 태국 사람들은 한국하면 TV 드라마 〈대장금〉, K-Pop 가수인 동방신기·소녀시대, 강남스타일을 노래한 싸이를 떠올리고 있다.

이와 반대로 최근 한국의 대중매체에서는 태국 사람이 등장하거나 태국 음식과 풍물을 소개하는 프로그램이 흔해졌고, 일상 생활에서도 태국 사람을 접촉하는 일이 빈번해지고 있다. 이른바 '태류'현상이라고 할만한 것들이다.

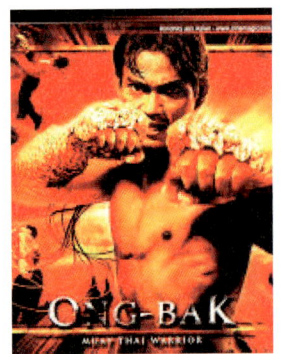

영화 옹박

드라마 선덕여왕

닉쿤

현재 국내 외국인 노동자 중 태국 노동자의 수는 4번째로 많고, 태국인 신부는 8번째로 많다. 국내에서 절찬리에 상영된 <옹박>을 시작으로 태국영화에 대한 관심도 높아지고 있다. 2PM 멤버인 태국 출신 닉쿤นิชคุณ을 모르는 사람은 거의 없을 것이다. 태국 음식점 수는 베트남에 이어 2위이며, 전국에 걸쳐 태국마사지 숍이 개점돼 성행하고 있다. 이제 우리는 태국하면 이런 것들을 자연스럽게 떠올린다.

이 같은 한류와 태류 두 가지 현상은 쌍방향적으로 발전되고 있다는 특징이 있다. 태국 이주노동자와 결혼이민자가 한국을 선택하고, 한국을 방문하는 태국인 관광객 수가 증가하는 것도 따지고 보면 한류를 경험한 태국 사람의 한국에 대한 긍정적인 인식이 주요한 원인이 된다고 볼 수 있다.

한국 내 태국 음식의 확산은 한국 관광객들의 태국여행 경험에서 기인하고 있다. 동아시아의 대중문화 허브로 도약하고 있는 한국은 해외시장 개척 전략의 일환으로 닉쿤과 같은 가수를 발굴해 냈다. 한국 대중문화물에 태국적 요소를 가미해 한류를 확대 재생산하고 있다는 의미이다.

이런 현상들은 앞으로 태국과 한국 간 초국가적 인적·물적 교류가 활발하게 진행될수록 더욱 확대되어 나타날 것이 분명하다.

2. 태국 속 한류

한류가 태국사회에서 본격적으로 하나의 중요한 문화현상으로 자리 잡기 시작한 때는 2000년대 초부터였다고 추정된다. 태국 내 한류는 중국, 대만, 홍콩, 싱가포르보다 뒤늦게 자리잡은 듯하나 최근에 빠른 속도로 확산되고 있다. 현재 태국 속 한류는 영화·TV 드라마·K-Pop 등은 물론이고 온라인게임·음식·화장품·한국어 교육 등 전방위적으로 나타나는 현상이 되었다.

영화 엽기적인 그녀

드라마 가을동화

1) 영화·드라마·K-Pop

태국 시장에서 최초로 성공한 영화로 꼽히는 것은 〈엽기적인 그녀〉2002이다. 방콕시내 주요 영화관에서는 요즘 한 달에 몇 편의 신작 한국영화가 소개되고 있지만 극장가보다는 DVD 시장에서 인기가 유지되고 있다.

드라마 대장금

무엇보다 한류 붐의 일등공신으로는 TV 드라마를 꼽을 수 있다. 2002년 〈가을동화〉를 시작으로 〈풀하우스〉, 〈대장금〉 등 2000~2013년 사이에 312편이 방영되었다. 한국 드라마가 일본 드라마를 추월해 방영된 것은 2006년인데 이 시점은 〈대장금〉과 〈풀하우스〉가 방영되었을 때이다. 〈풀 하우스〉는 시청점유율 70%를 넘기며 히트했다. 이 두 작품은 태국 한류 붐의 결정적 계기를 마련했다고 볼 수 있는 것들이다.

한국 드라마 수입 붐을 이끈 방송사는 태국 iTV라는 곳이었다. iTV는 탁씬 전 총리가 지분을 보유한 친나왓 그룹이 세운 태국유일의 민영방송사였다. 1992년 개국한 이래 2002년부터 한국 드라마를 수입해 방송하기 시작했으며, 2003년에는 〈가을동화〉·〈겨울연가〉 등 무려 11개 드라마를 방송했으나 2006년 군사쿠데타로 탁씬 정권이 몰락한 후 2007년 문을 닫았다. 이후 태국에서 가장 강력한 영향력을 가진 CH7의 한국 드라마 수입은 한국문화에 대한 관심을 가일층 촉발시키는 계기로 작용했다.

한-태 교류센터KTCC가 발간하는 한류·태류 문화소개 월간지 『더브릿지스』thebridgesmagazine.com에 따르면, 2000년대 초반부터 꾸준히 증가해 오던 태국 내 한국 드라마는 2008년과 2009년에 총 86편이 방송되며 정점을 이뤘으나, 이후 3년간 하락세를 보이다가 2013년 크게 증가했다. 지상파 방송국 중에는 CH7이 120편으로 가장 많고 그 뒤를 이어서 CH3이 70편이다. 케이블 TV인 True Vision도 64편이나 방영했다.

태국에서 방영된 한국과 일본 TV 드라마 수 비교(1999년~2010년)

년도	일본 드라마	한국 드라마
1999	2	0
2000	10	1
2001	7	1
2002	6	4
2003	19	12
2004	7	5
2005	12	7
2006	7	20
2007	7	19
2008	9	25
2009	12	31
2010	2	11
합	100	136

한국 드라마가 방영되는 태국 TV 방송국들

년도\채널	CH3	CH5	CH7	CH9	ITV	True Vision	Work Point	합
2000	0	2	0	0	0	0	0	2
2002	0	2	1	0	3	0	0	6
2003	0	1	1	0	11	4	0	17
2004	0	0	3	0	3	0	0	6
2005	1	2	4	0	2	2	0	11
2006	5	0	12	0	7	0	0	24
2007	7	0	12	0	3	1	0	23
2008	17	0	10	7	0	9	0	43
2009	11	0	15	6	0	11	0	43
2010	4	0	13	2	0	8	0	27
2011	9	1	13	4	0	10	0	37
2012	10	0	10	0	0	8	0	28
2013	6	0	26	0	0	11	2	45
합	70	8	120	19	29	64	2	312

출처: *The Bridges*. January, 2014. Bangkok : KTCC Ltd. p.99.

한국 드라마 방송 추이

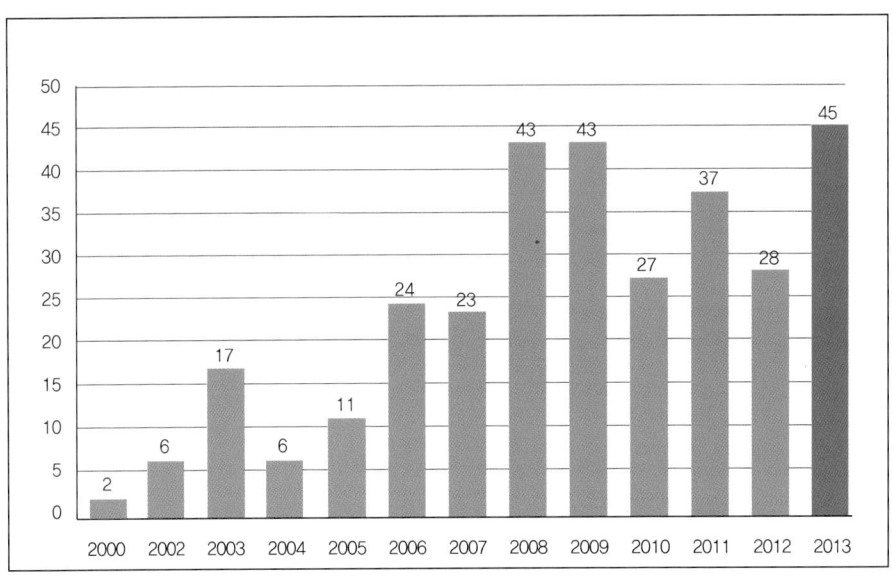

출처: *The Bridges*, January, 2014. Bangkok : KTCC Ltd. p.99.

　K-Pop은 베이비복스부터 시작해, 가수 비RAIN가 태국에서 사상 첫 한국가수 단독 콘서트를 여는 시점2006년에 본격 점화되기 시작했다. 이후 동방신기, 슈퍼주니어, 빅뱅, 원더걸스 등이 태국 아이돌로 부상해 큰 인기를 끌기 시작해 이들을 중심으로 한 대형콘서트가 방콕에서 속속 열리게 되었다. 팬클럽의 활동도 활발하다. 다수의 팬클럽은 비회원제이며, 복수로 활동하긴 하지만 한국음반이 가장 많이 수입된 해인 2010년 5월 기준, 동방신기의 인터넷 팬 회원수는 77만 명이 넘었다. 팬클럽을 보유하고 있는 한국 가수들은 2013년 기준 30팀이 넘는다.

　태국 한류를 선도한 것은 TV 드라마가 먼저였지만 현재 K-Pop은 가장 강력한 한국 콘텐츠로 부상해 확실히 자리를 잡아가고 있다. 2012년 한국의 K-Pop 가수들 이야기가 태국 중·고등학교 교과서에 다수 실리기도 했다. CNBLUE, 비, 빅뱅, 슈퍼주니어 등이 그 주인공들이다. K-Pop은 젊은 층에 적극적으로 파고들어 다양한 파생분야를 낳고 있는데 그 중 대표적인 것이 커버댄스다. 커버댄스는 한국가수의 노래를 립싱크하며 춤을 따라하는 것인데, 태국에서는 커버댄스팀이 또 다른 팬클럽을 낳을 정도로 인기가 있다. 한국방문의 해가 마련한 세계 커버댄스대회에서 태국은 2011년 3위에 이어 2012년엔 우승을 차지하기도 했다. 한국댄스를 가르치는 학원이 성황을 이루고, 관련 방송 및 기획사에서 실시하는 오디션엔 수많은 젊은이들이 몰리고 있다.

2) 온라인 게임

또 다른 한류의 형태는 한국산 온라인 게임이다. 2000년대 초부터 라그나로크Ragnarok, 리니지 2Lineage 2 등 한국산 온라인 게임이 태국에 상륙해 높은 인기를 모았다. 이 중 라그나로크는 태국의 PC방 영업시간을 바꿔놓을 정도로 사회전반에 큰 영향을 미치며, 현재까지도 인기를 유지하고 있다. 2010년 태국에서 서비스되는 104개의 온라인 게임 중 61.5%인 64개가 한국산이었다. 2013년 이후에는 태국에 모바일게임 돌풍이 불어닥쳤다. 그 중심엔 여전히 한국산 게임이 자리잡고 있다. 한국 모바일 게임 쿠키런은 신드롬에 가까울 정도로 돌풍을 일으키고 있다. 태국의 라인 이용자는 3,000만 명을 넘는데 이 중 쿠키런 이용자는 1,000만 명 이상으로 추산된다. 2014년 4월 한국콘텐츠진흥원에 따르면 한국의 게임 수출액이 K-Pop

수출액의 10배가 넘는다는 발표가 있을 정도로 온라인 게임은 한류의 확고한 한 형태로 자리매김 해가고 있다.

3) 화장품 · 음식

K-Beauty로 알려진 한국산 미용제품도 광범한 소비자 층을 형성하고 있다. 한류와 함께 한국 뷰티산업은 태국에서 가장 눈부시게 성장한 분야이다. 한류가 시작되기 전인 2002년 태국에 수출된 한국 화장품은 총 80만 달러에 불과했으나 2012년엔 5,870만 달러를 기록해 10년 만에 72배나 증가했다. 근래 급증하고 있는 태국 관광객들이 가장 선호하는 한국의 쇼핑품목도 한국 화장품이다.

한국음식도 인기다. 2006년 방송된 대장금은 태국에 한국음식을 제대로 알린 계기로 작용했다. 이후 태국 내 한식당의 숫자가 증가하고, 태국인이 경영하는 한식당 프랜차이즈가 등장했다. 식당 고객점유율도 태국인이 50%를 넘어서고 있다. 현재 방콕 200여 곳을 포함해, 팟타야 50곳, 푸껫 25곳, 치앙마이 20곳 등 태국전역에 400여 곳의 한식당이 있는 것으로 추정된다.

4) 한국어 교육

동남아 다른 국가와 비교해 태국은 현재 대학수준에서 한국어 강의가 가장 활발히 진행되고 있는 국가이다. 한국어 열풍은 분명히 또 다른 형태의 한류라고 볼 수 있을 것이다.

태국에서는 한국어 강의에 앞서 한국학 연구와 강의가 먼저 시작되었다.

한국학 연구는 1980년대 초부터 일부 대학의 동아시아 관련 연구센터에 소속된 소수 연구자들의 개인적 관심과 노력에서 출발했다. 현재 한국학을 연구하고 있는 대표적인 곳으로는 탐마쌋 대학교 동아시아연구소 산하 한국학연구센터, 쭐라롱껀 대학교 아시아문제연구소 산하 한국학연구센터, 씨나카린위롯 대학교 아시아–태평양연구소, 부라파 대학교 인문대학 산하 한국학센터 등이 있다. 또 대학에서 교양과목으로 한국학을 강의하기도 하는데 개방대학인 람캄행 대학이 대표적이다.

한국어 교육은 1980년대 중반부터 본격적으로 시작되었다. 한국어 교육과정이 최초로 개설된 곳은 쏭클라 대학교였다. 쏭클라 대학교는 1986년 1학기부터 인문사회과학대학에 한국어 강좌를 자유선택과목으로 개설하였다. 이후 1992년과 1999년에 각각 한국어를 부전공, 전공으로 개설하였다.

현재는 태국의 39개 대학에서 한국어를 가르치고 있다. 이 중 전공 개설 학교는 8개 대학교로 쏭클라 대학교1999년, 부라파 대학교2000년, 씰라빠껀 대학교2003년, 씨나카리위롯 대학교2005년, 나레쑤언 대학교2006년, 마하싸라캄 대학교2005년, 랏차팟 치앙마이 대학교2006년, 윗타얄라이 허깐카 대학교2013년가 있다. 또 한국어를 부전공, 선택, 교양과목으로 가르치는 대표적인 대학은 쭐라롱껀 대학교, 탐마쌋 대학교, 치앙마이 대학교, 컨깬 대학교, 람캄행 대학교, 랏차팟 푸껫 대학교, 랏차팟 치앙라이 대학교, 랏차팟 코랏 대학교 등을 들 수 있다. 대학교의 정규 과정과는 별도로 각 대학교에 소속된 어학센터에서도 한국어를 강의하고 있다.

한국은 태국 중·고등학교에 한국어 교원을 파견하는 유일한 국가이기도 하다. 한국 교육부에서는 초·중·고교에, 한국국제협력단KOICA은 대학교에 교원을 파견하고 있다. 세종학당은 세종학당 재단에서 기관 연계형으로 한국어를 가르치며, 산업인력관리공단은 근로자를 대상으로 한국어를 가르친다. 중·고등학교 60여 개 교에서 25,000명의 학생들이 한국어를 배우고 있으며, 한국어는 고등학교 제2외국어로 지정되어 있다.

3. 태국 속 한류의 진화

2000년대 초 이후 일방적인 한국 대중문화 수출이 주를 이루던 태국 속 한류는 점차 두 가지 진화현상을 보이고 있다. 첫째는 '태국적 요소가 가미된 대중문화'의 출현이다. 태국을 포함한 동남아 사람들이 등장하는 다문화 드라마나 다양한 TV 프로그램 등이 이 범주에 속한다. TV드라마 <불꽃>에서 주인공이 사랑에 빠지는 장소가 태국의 휴양지 팟타야였다. 이 드라마는 태국에서도 방영돼 한국에 대한 태국인의 친밀감을 높였다. 국내에서 활동하는 연예인 중에는 태국인이 유독 많다. 아이돌 그룹 2PM의 닉쿤뿐 아니라 태국과 한국을 잇는 연예인bridge entertainer이 늘고 있다. 데뷔 음반 '후 케어스'Who cares를 발표한 리타 Lita, '닥터 필 굿' Dr. Feel Good을 내놓은 여성그룹 라이나 RANIA의 멤버 조이 Joy 등이 모두 태국 출신이다. 근래 들어서 등장한 태국 가수 낫 티우Natthew, ณัฏฐ์ ทิวไผ่งาม는 태국 연예계에 데뷔한

낫 티우

뒤 기획적으로 한국무대를 두드리고 있는 첫 케이스가 되고있다.

두 번째 진화 현상은 첫째와는 반대의 경우로 태국에서 한류를 태국 대중문화물에 가미시켜 그들의 경쟁력을 키워나가고 있는 것이다. 근래 들어 태국 영화의 새로운 트렌드 중 하나는 한국을 배경으로 하는 제작 방식이다. 태국 영화 <우연As it happens> 2009년과 <꾸언 믄 호กวน มึน โฮ, Hello Stranger>2010년 가 이에 해당한다. 특히 <꾸언 믄 호>는 거의 전 과정을 한국에서 촬영했고

영화 꾸언 믄 호

흥행에도 크게 성공했다. 이 영화 제목은 주인공의 수선스러운 캐릭터를 의미하는 것이며, 이 영화 이전에 인기리에 상영된 구미호와 발음이 비슷해서 채택된 영화명이라고도 한다. 뿐만 아니라 유명 한국 드라마가 태국에서 잇따라 다시 제작되고 있다. 태국 트루Truc 채널은 한국 드라마 <커피 프린스>와 <가을동화>를 태국판으로 제작한 데 이어 <풀하우스>를 특별드라마로 제작하기도 했다.

이러고 보면, 태국 속 한류는 더 이상 한국만의 전유물이 아니다. 한류는 양국 간 문화의 교류와 수용을 통해 끊임없이 여러 가지 형태로 변화하면서 발전되고 있는 추세라고 볼 수 있다. 한류는 한국의 대중문화 수출에 국한된 것이 아니다. '태국적 요소가 가미된 대중문화'의 출현과 한국을 배경으로 한 태국 문화상품의 경쟁력 제고는 호혜적이고 공생적인 성격을 띤다. 이런 맥락에서 한류의 진화 현상은 우리에게 국가우선주의나 경제제일

주의의 낡은 틀에서 벗어나 한류에 대한 폭 넓은 시각을 재구성해야 할 필요성을 제시해주고 있다.

4. 태류란?

국내 태국인들

태국 음식점

태국 마사지점

태류를 선도하고 있는 것은 이주노동자와 국제결혼 이민자들이지만 이 외에도 다양한 현상들대중문화, 관광, 음식, 마사지, 유학, 영화이 나타나고 있다. 2011년 태국인 노동자의 수는 22,728명합법 19,350명 . 불법 3,378명이며, 국제결혼 이민자수는 2,561명이 중 태국남성은 42명이다. 현재 태국 음식점은 약 200개로 베트남에 이어 2위로 많으며 또 전국적으로 약 450개의 태국 마사지 숍이 개점되어 있다. 태국 관광객 수도 크게 증가하고 있다. 2012년까지 1년 평균 70,000명을 약간 웃돌던 방한 태국인은 2004년 처음으로 100,000명을 돌파한 뒤 2012년에는 387,000명으로 증가했다. 이제 태국인은 한국을 5~6번째로 많이 찾는 외국인이 됐다. 2012년 한국 내 태국 유학생 수는 524명이었는 데 2006년46명 보다 11배나 증가했다.

또 다른 형태의 태류로 꼽을 수 있는 것은 태

국 영화이다. 널리 알려지지 않은 사실이지만 태국은 아시아권에서 손꼽히는 영화산업 국가다. 태국 영화는 프랑스 칸영화제 최고의 영예인 황금종려상을 수상해 경쟁력을 입증하고 있다. 아피찻퐁 위라쎗타꾼 อภิชาติพงศ์ วีระเศรษฐกุล 감독의 영화 <엉클 분미 Uncle Boonmee Who Can Recall His Past Lives, ลุงบุญมีระลึกชาติ>가 그 수상작이다. 우리나라에 많이 수입되는 아시아 영화 중 태국영화는 중국, 일본, 홍콩에 이어서 네 번째 순위를 차지하며 동남아 국가 중에서는 수위를 차지하고 있다.

국내에서 최초로 관심을 끈 태국영화는 2001년 부산국제영화제 폐막작으로 상영된 <쑤리요타이 The Legend of Suriyothai>다. 이후 널리 알려진 작품은 <옹박 องค์บาก> 시리즈로 기존의 액션 영화가 보여준 CG와 와이어를 쓰지 않은 100% 리얼 액션이라 새로운 장르를 개척해 큰 인기를 끌었다. 호러물도 널리 알려진 영화 장르인데 단순하고 직선적인 표현방식으로 확실한 쇼크효과를 만들어 많은 관객층을 확보하고 있다.

태국영화에 관심을 갖는 국내 팬들은 쁘랏야 삔깨우 ปรัชญา ปิ่นแก้ว 감독옹박, 반쫑 삐싼타나꾼 บรรจง ปิสัญธนะกุล 감독셔터, 헬로스트레인저 กวน มึน โอ, 피막프라카농พีมาก พระโขนง, 아피찻퐁 위라쎗타꾼 감독엉클 분미 같은 스타 감독들의 이름에 익숙해져 있다.

쁘라야 삔깨우

반쫑 삐싼타나꾼

아피찻퐁 위라쎗타꾼

동남아 전도

태국 전도

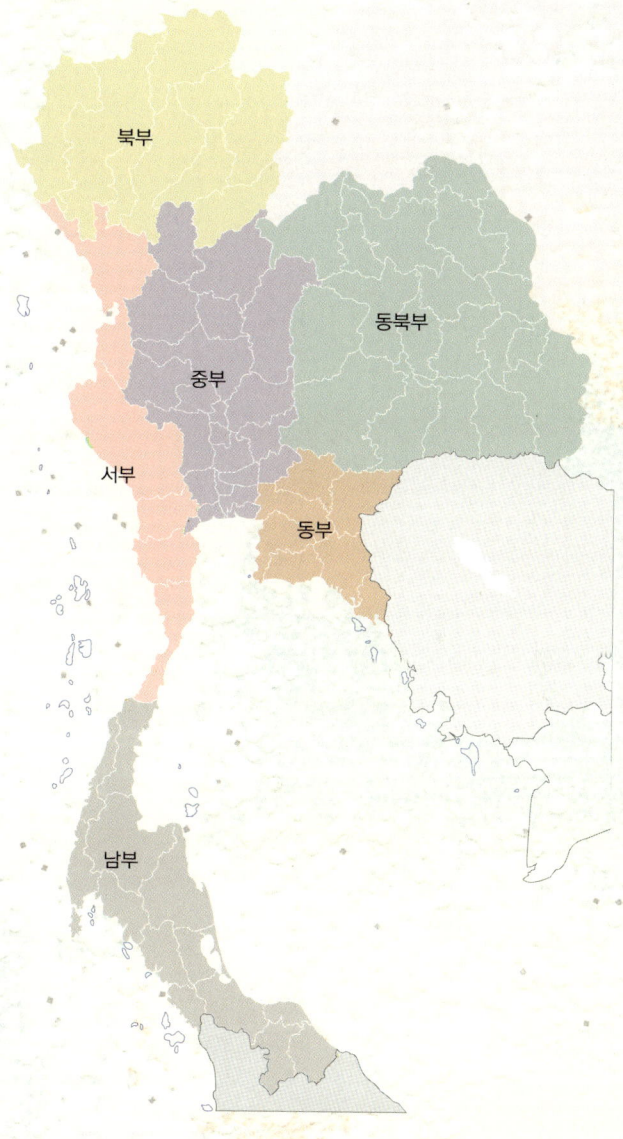

태국 알아보기 | 261

태국 알아보기

약사略史

타이 족은 중국 남부로부터 점차적으로 인도차이나 반도로 이동하였으며 13세기에 쑤코타이สุโขทัย왕조1238~1438, 14세기에 아윳타야อยุธยา 왕조1350~1767를 세웠다. 이후 1767년 버마군의 침략으로 아윳타야는 멸망하고 15년간의 단명에 그쳤던 톤부리ธนบุรี 왕조1767~1782를 거쳐 1782년에 랏따나꼬씬รัตนโกสินทร์ 왕조1782~현재가 세워져 오늘에 이르고 있다.

국명

태국의 명칭은 므엉 타이เมืองไทย, 싸얌สยาม, 暹羅, 쁘라텟 타이ประเทศไทย 등의 순서로 불리다가 제2차 세계대전 후에는 다시 싸얌, 그리고 1949년 5월 11일부터 오늘날까지 쁘라텟 타이 또는 타일랜드Thailand 라고 불리게 되었다. 영어 공식 국호는 Kingdom of Thailand이다. 타이ไทย 라는 말은 자유를 의미한다.

국기

국기는 적, 백, 청색의 5가지 수평 띠로 이루어져 있다. 국가또는 민족를 의미하는 제일 바깥의 적색 띠는 종교를 의미하는 똑같은 크기의 백색 띠를 둘러싸고 있다. 전체의 3분의 1을 차지하는 중심부의 청색 띠는 국왕을 상징한다. 통 뜨라이롱ธงไตรรงค์, 삼색기 이라고도 불리는 국기는 라마 6세 때인 1917년부터 사용되고 있다. 그 이전에 사용된 국기는 붉은 바탕 위에 흰 코끼리가 있는 형상이었다.

이전 국기

현재 국기

왕국의 문장紋章

태국의 국가 또는 왕실의 상징은 크룻พระครุฑ พ่าห์,Garuda이다. 크룻은 반은 새鳥이고 반은 인간의 모습을 하고 있는데 힌두신인 비슈누신Vishnu의 탈 것을 의미한다. 유지의 신인 비슈누 또는 금시조金翅鳥라고 불리는 신은 파괴의 신인 시바신Shiva, 창조의 신인 브라흐마Brahmā 또는 범천梵天이라고 불리는 신과 함께 힌두교의 삼주신三主神이라고 부른다.

크룻

국 화

태국의 국화는 랏차프륵ราชพฤกษ์이다. 이 꽃은 2월에서 5월까지 피는 노란색의 꽃이다. 옛날에 태국사람들은 랏차프륵을 상서로움을 간직한 나무로 여겼으며 집에 심어두면 명예와 신성함을 갖게 된다고 믿었다.

랏차프륵

코끼리

코끼리는 태국 최초의 국기에 그려질 만큼 태국을 대표하는 동물이다. 특히 흰 코끼리는 역사적으로 왕국의 번영과 행복을 가져다주는 영험한 동물로 여겼다. 태국 코끼리 수는 1850년 10만 마리 였으나 현재는 사육하는 코끼리 2,700마리, 야생 코끼리 2,000~3,000마리로 추산되고 있다. 정부는 멸종의 위기감 때문에 생존해 있는 야생 코끼리 보호에 대해 각별한 관심을 쏟고 있다.

태국의 정자

태국 정자는 태국적 특징Thainess을 잘 보존하고 있는 태국 건축물의 상징과도 같은 것으로 여겨진다.

정자

국가와 국왕 찬가

태국은 우리와 달리 국가도 있고 국왕 찬가도 있다. 국가는 국가적으로 중요한 행사 때 연주되며 현재의 국왕인 라마 9세를 찬미하는 국왕 찬가เพลงสรรเสริญพระบารมี는 공식 행사와 공공의 모임, 스포츠 행사, 영화관, 콘서트 등에서 연주된다.

정체政體

태국은 1932년 입헌군주제를 채택했으며 국가원수는 푸미폰 아둔야뎃ภูมิพลอดุลยเดช 국왕이다. 1927년생인 푸미폰 국왕은 1946년 6월 랏따나꼬씬 왕조의 9대 왕인 라마 9세로 즉위한 이래 현재 태국 역사상 가장 오래 재위하는 국왕이 되었으며, 1986년에는 입헌군주로서는 최초로 대왕으로 추대되기도 했다. 재위 70년에 이르고 있는 푸미폰 국왕은 국민들의 절대적인 신뢰 속에서 막강한 카리스마를 통하여 태국 사회의 가장 영향력 있는 인물이 되었다.

정치·행정

푸미폰 국왕

정부 형태는 내각책임제이며 국회는 상·하 양원으로 구성된다. 총리는 선출직 하원의원 중에서 임명된다. 임기 4년의 하원은 지역구 의원과 정당명부제 비례대표 의원으로 구성되며, 임기 6년의 상원의원은 선출과 임명 반반으로 구성된다.2014년 5월 22일 쿠데타 후 헌법개정을 추진 중이다. 태국 내각은 20개 부로 구성된다. 수상청, 내무부, 법무부, 국방부, 재무부, 외무부, 사회개발인간안보부, 농업협동조합부, 교통부, 천연자원환경부, 정보통신기술부, 에너지부, 상업부, 노동부, 문화부, 과학기술부, 교육부, 공공보건부, 산업부, 관광스포츠부 등이 있다.

면적

면적은 51.3만 km²로 한반도의 2.3배한국의 5배이며 평야가 많다. 미얀마, 캄보디아, 라오스, 말레이시아와 국경을 접하고 있다.

수도

수도는 방콕กรุงเทพมหานครด이며 전체 인구의 약 10분의 1이 거주하고 있다.

인구

2014년 현재 약 6,800만명1950년 1,860만명이다.

기후
열대 몬순기후로 우기와 건기로 나뉜다.

민족
다수종족은 타이 족이지만 라오스인, 말레이시아인, 캄보디아인, 중국인, 인도인 등도 거주하고 있으며 중국 등에서 이주해 온 고산족들도 있다.

종교
상좌부불교가 주종이며 인구의 95%가 신봉, 이슬람교, 기독교 외에 대승불교도 믿고 있다.

언어
공용어는 타이어이다.

태국 주요 경제지표

국내총생산	3,660억 달러 2012년
1인당 GDP	5,673달러 2013년
경제성장률	2.9% 2013년
수 출	2,291억 달러 2013년
수 입	2,230억 달러 2013년
외환보유고	1,682억 달러 2014년
외 채	1,341억 달러 2013년

주요 산물

쌀, 생고무, 설탕, 주석, 옥수수, 타피오카, 카사바, 갈탄, 천연가스 등이 생산되고 있다.

화폐

밧บาท이 기본 단위이며, 그 밑 단위는 싸땅สตางค์인데 100 싸땅은 1 밧이다. 1 밧은 약 32원0.03달러이다2015년 11월 기준.

주태 한국대사관 주소

23 Thirmruammit Road Rachadapisek Huay Kwang, Bangkok 10310이며, 전화번호는 02-247-7536~49이다.

주한 태국대사관 주소

서울시 용산구 한남동 653-7번지로 전화번호는 02-795-3098이다.

화폐

태국 왕조의 왕들

쑤코타이 왕국(อาณาจักรสุโขทัย)

1. 퍼쿤씨인타라팃 พ่อขุนศรีอินทราทิตย์   1238~1279?
    (퍼쿤방끌랑하우 พ่อขุนบางกลางหาว)
2. 퍼쿤반므엉 พ่อขุนบานเมือง   1279?
3. 퍼쿤람캄행마하랏 พ่อขุนรามคำแหงมหาราช   1279~1298
    (퍼쿤람마랏 พ่อขุนรามราช)
4. 프라야르어타이 พระยาเลอไทย   1298~1323?
5. 프라야응우어남톰 พระยางั่วนำถม   1323?~1347
6. 프라마하탐마라차티능 พระมหาธรรมราชาที่ 1   1347~1368
    (리타이 ลิไทย)
7. 프라마하탐마라차티썽 พระมหาธรรมราชาที่ 2   1368~1399
    (르타이 ลือไทย)
8. 프라마하탐마라차티쌈 พระมหาธรรมราชาที่ 3   1400~1419
    (싸이르타이 ไสลือไทย)
9. 프라마하탐마라차티씨 พระมหาธรรมราชาที่ 4   1419~1438
    (버롬빤 บรมปาล)

란나 왕국(กษัตริย์ล้านนา)

1. 파야망라이 พญามังราย　　　　　　　　　　1259~1317
2. 파야차이쏭크람 พญาไชยสงคราม　　　　　　1317~1318
3. 파야쌘푸 พญาแสนพู　　　　　　　　　　　　1318~1319
4. 쿤크르어 ขุนเครือ　　　　　　　　　　　　　1319~1322
5. 타우남투엄 ท้าวน้ำท่วม　　　　　　　　　　1322~1324
6. 파야쌘푸 พญาแสนพู　　　　　　　　　　　　1324~1328
(두번째 즉위)
7. 파야캄후 พญาคำฟู　　　　　　　　　　　　1328~1337
8. 파야파유 พญาผายู　　　　　　　　　　　　1337~1355
9. 파야끄나 พญากือนา　　　　　　　　　　　　1355~1385
10. 파야쌘므엉마 พญาแสนเมืองมา　　　　　　1385~1401
11. 파야쌈팡깬 พญาสามฝั่งแกน　　　　　　　　1401~1441
12. 프라짜오띠록까랏 พระเจ้าติโลกราช　　　　　1441~1487
13. 파야옛치앙라이 พญายอดเชียงราย　　　　　1487~1495
14. 파야므엉깨우/파야깨우 พญาเมืองแก้ว/พญาแก้ว　1495~1526
15. 파야껫쳇타랏 พญาเกศเชษฐราช　　　　　　1526~1538
16. 타우차이 ท้าวซาย　　　　　　　　　　　　1538~1543
17. 파야껫쳇타랏 พญาเกศเชษฐราช　　　　　　1543~1545
(두번째 즉위)
18. 프라낭찌라쁘라파 พระนางจิรประภา　　　　1545~1546
19. 프라쳇타티랏 พระเชษฐาธิราช　　　　　　　1546~1547
　　(란창이라 불렸던 라오스의 왕)
　　　　　　　공백기　　　　　　　　　　　　1547~1551

20. 파야메꾸띠 พญาเมกุฏิ   1551~1564

(버마 식민지가 됨)

21. 프라낭위 티테위 พระนางวิสุทธิเทวี   1564~1578

22. 싸우티너라뜨라망써씨(버마인) สาวถันรตรามังซอศรี   1578~1607

23. 22대왕의 두 명의 아들인 프라 처이 / 프라차이팁

　　　พระช้อย และพระชัยทิพ   1607~1613

24. 프라처이 พระช้อย   1613~1615

(두번째 즉위)

25. 씨썽므엉 ศรีสองเมือง(เจ้าเมืองน่าน)   1615~1631

26. 파야루엉팁넷 พญาหลวงทิพเนตร   1631~1659

27. 프래의 영주 (เจ้าเมืองแพร่)   1659~1672

28. 응쌔 อึ้งแซะ(버마인)   1672~1675

29. 쩨푸뜨라이 เจพูตราย(버마인)   1675~1707

30. 망랜라 มังแรนร่า(버마인)   1707~1727

31. 텝씽 เทพสิงห์(버마인)   1727

32. 옹캄 องค์คำ   1727~1759

33. 짜오짠 เจ้าจันทร์   1759~1761

34. 짜오키훗 เจ้าขี้หุด   1761~1762

35. 뽀아파이카미니 โปอภัยคามินี(버마인)   1762~1768

36. 뽀마융응우언 โปมะยุ่งวน(버마인)   1768~1771

　　란나가 버마에게서 주권회복   1771~1774

치앙마이 왕국(กษัตริย์เชียงใหม่)

1. 프라짜오까위라 พระเจ้ากาวิละ					1775~1816
2. 프라야탐마랑까 พระยาธรรมลังกา				1816~1821
   (짜오루엉창프억 เจ้าหลวงช้างเผือก)
3. 프라야캄환 พระยาคำฟั่น					1822~1825
   (짜오루엉쎗티 เจ้าหลวงเศรษฐี)
4. 프라야풋타웡 พระยาพุทธวงศ์				1826~1846
   (짜오루엉팬딘옌 เจ้าหลวงแผ่นดินเย็น)
5. 프라짜오마호뜨라쁘라텟 พระเจ้ามโหตรประเทศ		1846~1854
6. 프라짜오까위로롯쑤리야웡 พระเจ้ากาวิโลรสสุริยวงษ์		1856~1870
7. 프라짜오인타윗차야논 พระเจ้าอินทวิชยานนท์			1871~1897
8. 짜오인타와로롯쑤리야웡 เจ้าอินทวโรรสสุริยวงษ์			1901~1911
9. 짜오깨우나와랏 เจ้าแก้วนวรัฐ					1911~1939

아윳타야 왕국(อาณาจักรอยุธยา)
(우텅 계 ราชวงศ์อู่ทอง)

1. 쏨뎃프라라마티버디티눙 สมเด็จพระรามาธิบดีที่ 1		1350~1369
   (프라짜오우텅 พระเจ้าอู่ทอง)
2. 쏨뎃프라라메쑤언 สมเด็จพระราเมศวร			1369~1370
      (쑤판나품 계 ราชวงศ์สุพรรณภูมิ)
3. 쏨뎃프라버롬라차티랏티눙 สมเด็จพระบรมราชาธิราชที่ 1	1370~1388
   (쿤 루엉파응우어 ขุนหลวงพะงั่ว)

4. 쏨뎃프라짜오텅란 สมเด็จพระเจ้าทองลัน　　　　　　　　1388(7일)

　　(짜오 텅짠 เจ้าทองจันทร์)

　　　　　　　　　(우텅 계 ราชวงศ์อู่ทอง)

5. 쏨뎃프라라메쑤언 สมเด็จพระราเมศวร　　　　　　　　1388~1395

6. 쏨뎃프라람라차티랏 สมเด็จพระรามราชาธิราช　　　　　1395~1409

　　　　　　　　　(쑤판나품 계 ราชวงศ์สุพรรณภูมิ)

7. 쏨뎃프라인타라차 สมเด็จพระอินทราชา　　　　　　　1409~1424

　　(짜오 나컨인 เจ้านครอินทร์)

8. 쏨뎃프라버롬라차티랏티썽 สมเด็จพระบรมราชาธิราชที่ 2　　1424~1448

　　(짜오 쌈프라야 เจ้าสามพระยา)

9. 쏨뎃프라버롬뜨라이록까낫 สมเด็จพระบรมไตรโลกนาถ　　1448~1488

　　(아윳타야에서 통치 1448~1463)

　　(팟싸누록에서 통치 1463~1488)

10. 쏨뎃프라버롬라차티랏티쌈 สมเด็จพระบรมราชาธิราชที่ 3　1488~1491

11. 쏨뎃프라라마티버디티썽 สมเด็จพระรามาธิบดีที่ 2　　　1491~1529

12. 쏨뎃프라버롬라차티랏티씨 สมเด็จพระบรมราชาธิราชที่ 4　1529~1533

　　(너푸땅꾼 หน่อพุทธางกูร)

13. 프라랏싸다티랏 พระรัษฎาธิราช　　　　　　　　　　1533~1534(5개월)

14. 쏨뎃프라차이라차티랏 สมเด็จพระไชยราชาธิราช　　　　1534~1547

15. 프라엿화 พระยอดฟ้า　　　　　　　　　　　　　1547~1548

　　(프라깨우화 พระแก้วฟ้า)

16. 쿤워라웡싸티랏 ขุนวรวงศาธิราช　　　　　　　　　1548(42일)

17. 쏨뎃프라마하짝끄라팟 สมเด็จพระมหาจักรพรรดิ　　　　1548~1569

　　(프라짜오 창프억 พระเจ้าช้างเผือก)

18. 쏨뎃프라마힌타라티랏 สมเด็จพระมหินทราธิราช2　　　1569

(쑤코타이 계 ราชวงศ์สุโขทัย)

19. 쏨뎃프라싼펫티능 สมเด็จพระสรรเพชญ์ที่ 1   1569~1590
    (쏨뎃프라마하탐마라차티랏 สมเด็จพระมหาธรรมราชาธิราช)

20. 쏨뎃프라싼펫티썽 สมเด็จพระสรรเพชญ์ที่ 2   1590~1605
    (쏨뎃프라나레쑤언마하랏 สมเด็จพระนเรศวรมหาราช)

21. 쏨뎃프라싼펫티쌈 สมเด็จพระสรรเพชญ์ที่ 3   1605~1610
    (쏨뎃프라에까톳싸롯 สมเด็จพระเอกาทศรถ)

22. 쏨뎃프라싼펫티씨 สมเด็จพระสรรเพชญ์ที่ 4   1610(2개월)
    (쏨뎃프라씨싸오와팍 สมเด็จพระศรีเสาวภาคย์)

23. 쏨뎃프라버롬라차티능 สมเด็จพระบรมราชาที่ 1   1611~1628
    (쏨뎃프라짜오쏭탐 สมเด็จพระเจ้าทรงธรรม)

24. 쏨뎃프라버롬라차티썽 สมเด็จพระบรมราชาที่ 2   1628~1630
    (쏨뎃프라쳇타티랏 สมเด็จพระเชษฐาธิราช)

25. 쏨뎃프라아팃따야웡 สมเด็จพระอาทิตยวงศ์2   1630(36일)

(쁘라쌋텅 계 ราชวงศ์ปราสาททอง)

26. 쏨뎃프라싼펫티하 สมเด็จพระสรรเพชญ์ที่ 5   1630~1656
    (쏨뎃프라짜오쁘라쌋텅 สมเด็จพระเจ้าปราสาททอง)

27. 쏨뎃프라싼펫티혹 สมเด็จพระสรรเพชญ์ที่ 6   1656(9개월)
    (쏨뎃짜오화차이 สมเด็จเจ้าฟ้าไชย)

28. 쏨뎃프라싼펫티쩻 สมเด็จพระสรรเพชญ์ที่ 7   1656(2개월 17일)
    (쏨뎃프라씨쑤탐마라차 สมเด็จพระศรีสุธรรมราชา)

29. 쏨뎃프라라마티버디티쌈 สมเด็จพระรามาธิบดีที่ 3   1656~1688
    (쏨뎃프라나라이마하랏 สมเด็จพระนารายณ์มหาราช)

(반프루루엉 계 ราชวงศ์บ้านพลูหลวง)

30. 쏨뎃프라펫라차 สมเด็จพระเพทราชา   1688~1703

31. 쏨뎃프라싼펫티뺃   สมเด็จพระสรรเพชญ์ที่ 8   1703~1709

    (쏨뎃프라쑤리옌타라티버디 สมเด็จพระสุริเยนทราธิบดี)

    (프라짜오쓰어 พระเจ้าเสือ)

32. 쏨뎃프라싼펫티까오 สมเด็จพระสรรเพชญ์ที่ 9   1709~1733

    (쏨뎃프라짜오유후어타이싸 สมเด็จพระเจ้าอยู่หัวท้ายสระ)

33. 쏨뎃프라버롬라차티랏티쌈 สมเด็จพระบรมราชาธิราชที่ 3   1733~1758

    (쏨뎃프라짜오유후어버롬마꼿 สมเด็จพระเจ้าอยู่หัวบรมโกศ)

34. 쏨뎃프라버롬라차티랏티씨 สมเด็จพระบรมราชาธิราชที่ 4   1758(2개월)

    (쏨뎃프라짜오우툼펀 สมเด็จพระเจ้าอุทุมพร/ 쿤루엉하왓 ขุนหลวงหาวัด)

35. 쏨뎃프라버롬라차티쌈 สมเด็จพระบรมราชาที่ 3   1758~1767

    (쏨뎃프라티낭쑤리야암마린 สมเด็จพระที่นั่งสุริยาศน์อัมรินทร์/พระเจ้าเอกทัศ)

톤부리 왕국(กรุงธนบุรี)

1. 쏨뎃프라버롬라차티씨 สมเด็จพระบรมราชาที่ 4   1767~1782

   (쏨뎃프라짜오끄룽톤부리 สมเด็จพระเจ้ากรุงธนบุรี)

   (쏨뎃프라짜오딱씬마하랏 สมเด็จพระเจ้าตากสินมหาราช)

랏따나꼬씬 왕국(กรุงรัตนโกสินทร์)

1. 프라밧쏨뎃프라풋타엿화쭐라록마하랏 พระบาทสมเด็จพระพุทธยอดฟ้าจุฬาโลกมหาราช　1782~1809
   (랏차깐티능 รัชกาลที่ 1)

2. 프라밧쏨뎃프라풋타르엇라나파라이 พระบาทสมเด็จพระพุทธเลิศหล้านภาลัย　1809~1824
   (랏차깐티썽 รัชกาลที่ 2)

3. 프라밧쏨뎃프라낭끌라오짜오유후어 พระบาทสมเด็จพระนั่งเกล้าเจ้าอยู่หัว　1824~1851
   (프라마하 싸다랏짜오 พระมหาเจษฎาราชเจ้า)
   (랏차깐티쌈 รัชกาลที่ 3)

4. 프라밧쏨뎃프라쩜끌라오짜오유후어 พระบาทสมเด็จพระจอมเกล้าเจ้าอยู่หัว　1851~1868
   (랏차깐티씨 รัชกาลที่ 4)

5. 프라밧쏨뎃프라쭐라쩜끌라오짜오유후어 พระบาทสมเด็จพระจุลจอมเกล้าเจ้าอยู่หัว　1868~1910
   (프라삐야마하랏 พระปิยมหาราช)
   (랏차깐티하 รัชกาลที่ 5)

6. 프라밧쏨뎃프라몽꿋끌라오짜오유후어 พระบาทสมเด็จพระมงกุฎเกล้าเจ้าอยู่หัว　1910~1925
   (프라티라랏짜오 พระมหาธีรราชเจ้า)
   (랏차깐티혹 รัชกาลที่ 6)

7. 프라밧쏨뎃프라뽀끌라오짜오유후어 พระบาทสมเด็จพระปกเกล้าเจ้าอยู่หัว　1925~1935
   (랏차깐티쩻 รัชกาลที่ 7)

8. 프라밧쏨뎃프라빠라멘타라마하아난타마히돈 พระบาทสมเด็จพระปรเมนทรมหาอานันทมหิดล　1935~1946
   (프라앗마라마티버딘턴 พระอัฐมรามาธิบดินทร)
   (랏차깐티뺏 รัชกาลที่ 8)

9. 프라밧쏨뎃프라빠라민타라마하푸미폰아둔야뎃 พระบาทสมเด็จพระปรมินทรมหาภูมิพลอดุลยเดช　1946~현재
   (쏨뎃프라팟터라마하랏 สมเด็จพระภัทรมหาราช)
   (랏차깐티까오 รัชกาลที่ 9)

참고문헌

국가보훈처·독립기념관. 2006. 『국외독립운동사적지 실태조사보고서: 동남아지역』. 서울: 방형식 디자인.
김영애. 1986. 『태국사』. 서울: 관악서당.
김인덕·김도형. 2008. 『1920년대 이후 일본·동남아지역민족운동』. 천안: 경인문화사.
김홍구. 1991. "태국왕권의 유형에 관한 연구." 한국태국학회. 『한국태국학회논총』 제4호.
----. 1997. 『태국군과 정치』. 서울: 전예원.
----. 1999. 『태국학 입문』. 부산: 부산외국어대학교 출판부.
김홍구 외. 2001. 『동남아의 종교와 사회』. 서울: 도서출판 오름.
김홍구. 2003. "태국의 사회구조 변화와 정치변동." 한국동남아학회. 『동남아시아연구』 제13집.
----. 2004. "태국의 경제위기와 정치적 선택." 한국동남아학회. 『동남아시아연구』 제14집.
----. 2005. "태국의 한류현상: 분석과 평가." 한국태국학회. 『한국태국학회논총』 제12호.
----. 2005. 『태국불교의 이해』. 부산: 부산외국어대학교 출판부.
김홍구 외. 2005. 『종합 태어어』. 부산: 부산외국어대학교 출판부.
김홍구. 2006. 『한 권으로 이해하는 THAILAND』. 부산: 부산외국어대학교 출판부.
----. 2007. "태국의 탁씬 정부와 군부 쿠데타." 한국외국어대학교 동남아연구소. 『국제지역연구』 2005년 겨울호(통권 35호).
----. 2007. "한국 속 태류 현상의 배경과 현황." 한국태국학회. 『한국태국학회논총』 제15-2호.
----. 2009. "푸미폰 국왕의 정치개입 요인분석." 한국외국어대학교 동남아연구소. 『동남아 연구』 19권 2호.
김홍구 외. 2012. 『한국 속 동남아 현상』. 서울: 명인문화사.

----. 2012. 『유네스코가 들려주는 아시아 아홉 문자 이야기』. 서울: 한림출판사.

----. 2014. 『동남아의 헌정체제와 민주주의』. 서울: 명인문화사.

김홍구. 2014. "재태한인의 특성과 태국에 대한 인식." 한국동남아학회. 『동남아시아연구』 24권 3호.

외교부. 2014. 『태국개황』.

조흥국. 1997. "한국과 동남아간의 문화적 교류에 대한 고찰." 연세대 『인문과학』 제 76 · 77합집.

----. 1997. "태국 불교의 개혁주의 운동." 『전통과 현대』. 서울: 전통과 현대.

태국정부관광청. 2006. 『태국가이드북』. 서울: 태국정부관광청 서울사무소.

한국태국학회 편. 1998. 『태국의 이해』. 서울: 한국외국어대학교 출판부.

星田晋五. 1972. 『タイ-その 生活と 文化』. 學習研究社.

末廣昭. 1993. 『タイ-開發と 民主主義』. 東京: 岩波新書.

松下正弘 編. 1995. 『タイ文化ハンドブック』. 東京: 勁草書房.

綾部恒雄, 石井米雄 編. 1997. 『もっと知りたいタイ』. 東京: 弘文堂.

小野澤正喜 編. 1997. 『暮らしが わかる アジア讀本 タイ』. 東京: 河出書房新社.

Chaiyotha, Danai. 2003. *Prawattisat Thai Yuk Anachak Ayutthaya*(아웃타야왕조사). Bangkok: Samnakphim Odianstyle.

Chatchaidi, Thonphon. 1995. *Essays on Thailand*. Krungthep: Thonphonwihayakan Chamkat.

Chicarelli, Charles F. 2004. *Buddhist Art*. Chiang Mai: Silkworm Books.

Chungsiriwat, Grissarin and Grossman, Nicholas. 2012. *THAILAND at RANDOM*. Singapore: Tien Wah Press.

Continuing Education Center Chulalongkorn University. 1987. *A Survey of Thai Arts and Architectural Attractions*. Bangkok: Chulalongkorn University.

Cooper, Robert & Nanthapa. 1982. *Culture Shock Thailand: A Guide to Customs and Etiquette*. Singapore: Times Books International.

Cornwel-Smith, Philip and Goss, John. 2005. *Very Thai: Everyday Popular*

Culture. Bangkok: River Books Co., Ltd.

Eliot, Joshua. eds. 1993. *Thailand Indochina & Burma Handbook*. Illinois: Passport Books.

Fry, Gerald W. et al. 2013. *Historical Dictionary of Thailand*. UK: The Scarecrow Press Inc.

Ishii, Yoneo. 1986. *Sangha, State and Society: Thai Buddhism in History*. Honolulu: The University of Hawaii Press.

Jackson, Peter A. 1989. *Buddhism, Legitimation and Conflict*. Singapore: Institute of Southeast Asian Studies.

Jumsai, Manich. 2000. *Understanding Thai Buddhism*. Bangkok: Chalermnit.

Keyes, Charles F. 1989. *Thailand-Buddhist Kingdom as Modern Nation-State*. Bangkok: Duang Kamol.

Khamwansaa, Siriwat. 1999. *Prawat Phraphuttasatsana Nai Prathetthai*(태국 불교사). Bangkok: Charatsanitwongkanphim Chamkat.

KOREA – THAILAND COMMUNICATION CENTER. *The Bridges*. 2013년 3월호~2014년 10월호. Bangkok: KTCC.

Kulick, Eliot and Wilson, Dick. 1996. *Time for Thailand: Profile of a New Success*. Bangkok: White Lotus.

London, Ellen. 2008. *Thailand Condensed: 2000 Years of History and Culture*. Singapore: Times Graphics Pte Ltd.

Mittrasomwang, Suphawadi. 1983. *Sangkhom Thai* (태국 사회). Krungthep: Mahawitthayalai Sinakharinwirot.

Phongpaichit, Pasuk & Baker, Chris. 1995. *Thailand: Economy and Politics*. Kuala Lumpur: Oxford University Press.

Phunthong, Yutthana. 1997. *Ratthathammanun Haeng Rachaanachak Thai 2540*(1997년 헌법). Krungthep: Samnakphim Nitiyut.

Prian, Chi. 1984. *Prapheni Lae Phithi Mongkhon Khong Thai*(태국인의 풍습과 의

식). Bangkok: Samnakphim Amnuaysaan.

Rajadhon, Phya Anuman. 1968. *Essays on Thai Folklore*. Bangkok: Rupsom.

Rutnin, Mattani Mojdara. 1996. *Dance, Drama and Theatre in Thailand*. Chiang Mai: Silkworm Books.

Senanarong, Sawat. 1973. *Phumisat Prathet Thai*(태국의 지리). Krungthep: Thai Watana Panich.

Suphab, Suphattra. 1973. *Sangkhom Lae Watthanatham Thai*(태국 사회와 문화). Krungthep: Thai Wattana Panich.

Syamananda, Rong. 1973. *A History of Thailand*. Bangkok: Thai Wattana Panich.

The Association of Siamese Architects. 2004. *Architectural Heritage in Thailand*. Bangkok: The Association of Siamese Architects.

Thongsawang, Thasani. 1994. *Sangkhom Thai*(태국 사회). Krungthep: O.S. Printing House.

Wenk, Klaus. 1995. *Thai Literature: An Introduction*. Bangkok: White Lotus.

Wilson, David A. 1962. *Politics in Thailand*. Ithaca, New York: Cornell Univ. Press.

Wyatt, David K. 1983. *Thailand: A Short History*. Bangkok: Thai Wattana Panich.

http://www.wikipedia.org/

http://www.history.go.kr(국사편찬위원회, 한국사 데이터베이스)

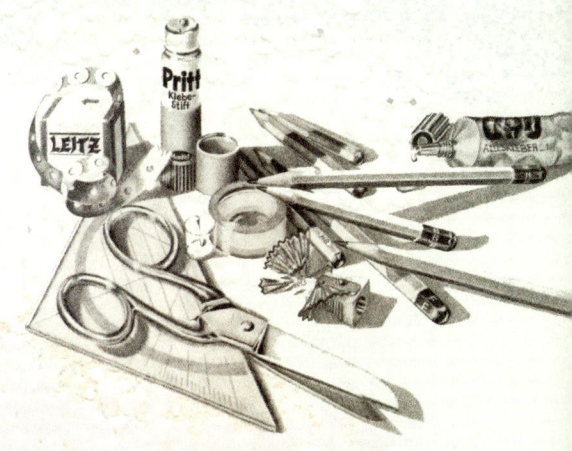

색인

ㄱ

가을동화 247~248, 255
강희제 44
개인주의 62~63, 66
경어법 183
계율ปาติโมกข์ 50, 73, 94~95, 103
계절풍 25
고립어 182
고산족ชาวเขา 18, 132, 151, 174, 176, 266
고상식 가옥 165
고종 237
공덕지향성 91, 92
공양왕 236
관료주의 정체 58
구아바ฝรั่ง 164
국가개발행정대학NIDA 81
국가평화질서유지위원회NCPO 200
국민 민주주의 연대PAD 196, 202
국민민주개혁위원회PDRC 198~199
국왕 찬가เพลงสรรเสริญพระบารมี 264
국왕 탄신일 79, 221
군부 쿠데타 192, 276
권위주의 62, 63, 123, 127, 194, 196
김주석 241~242
까리앙กะเหรี่ยง 174~175
까삐กะปิ 152~153
까쎗삿 대학มหาวิทยาลัยเกษตรศาสตร์ 81
까이 팟 멧 마무엉ไก่ผัดเม็ดมะม่วง 161
까틴 축제การทอดกฐิน 92

깐땅 츠 덱 의식การตั้งชื่อเด็ก 69
깐짜나부리จังหวัดกาญจนบุรี 21, 23, 33, 241
깔래กาแล 166, 167
깡껭 레แกงเกเล 148, 149
깽 쏨แกงส้ม 154
꼰 쭉 의식โกนจุก 69, 71
꼰 폼파이โกนผมไฟ 69, 70
꼿마이 뜨라쌈두엉กฎหมายตราสามดวง 52
꾸어이띠아우ก๋วยเตี๋ยว 160
꾸언 믄 호กวน มึน โฮ 255
끄라짭삐กระจับปี่ 133
끄렝 짜이เกรงใจ 67
낀나리กินรี 111
낀넌กินนร 112

ㄴ

나라이 왕สมเด็จพระนารายณ์มหาราช
    44, 48, 49, 156, 157, 187
나라티왓นราธิวาส 22, 24, 116, 118, 142, 232
나레쑤언สมเด็จพระนเรศวรมหาราช 47, 237, 253, 273
나이 껭 236
나컨씨탐마랏นครศรีธรรมราช
    17, 20, 22, 24, 35, 37, 51, 89, 116
낙(나가)นาค 112, 128
난짜오 왕국น่านเจ้า 30
남 쁠라น้ำปลา 152~154
남 프릭น้ำพริก 153~156
남 몬น้ำมนต์ 93, 96, 97
남 짜이น้ำใจ 67
낫 티우ณัฐ ทิวไผ่งาม 254
낭 딸룽หนังตะลุง 136, 137
낭 야이หนังใหญ่ 136, 137

냄แหนม 155
넨เณร 91
노란색 셔츠Yellow Shirts 203
노수복 242
놉파맛นพมาศ 77, 186
닉쿤นิชคุณ 246, 254

ㄷ

대나무 외교정책Bamboo Diplomacy 59
대장금 245, 247, 248, 252
대중영합주의 196
더빙쉐디Tabingshwehti 47
더웨Dawei 41, 42
더이 인타논ดอยอินทนนท์ 18
도쿠가와 이에야쓰 48
독재 저항 민주주의 연합전선UDD 202
동남아시아 경기대회SEA Games 140
동방신기 245, 250
두리안ทุเรียน 162, 163
득도식บวชนาค, อุปสมบท 70, 71, 74, 94, 115, 156
따끄러ตะกร้อ 139, 140, 141
따뱅만ตะเบงมาน 147, 148
따웅우Toungoo 46, 47
따이어Tai 175
따이 족Tai 30
딱밧 테워ตักบาตรเทโว 75
딱씬ตากสิน 50~52, 140, 170, 187, 274
떠닝다이Tanintharyi, Tenasserium 41, 47, 50
똠 얌 꿍ต้มยำกุ้ง 158
뜨라이 품 프라루엉ไตรภูมิพระร่วง 130, 186
뜨라이록까낫 왕สมเด็จพระบรมไตรโลกนาถ 43, 127, 186
띠록까랏 왕พระเจ้าติโลกราช 41

ㄹ

라그나로크Ragnarok 251
라낫ระนาด 133
라마 53~58, 80, 81, 94, 98, 111, 127, 131, 135, 137, 148, 149, 158, 170, 176, 177, 187, 188, 202, 205, 208, 264
라마 1세 53, 54, 131, 170, 187
라마끼안รามเกียรติ์ 111, 112, 131, 134, 135, 187
라마티버디 1세สมเด็จพระรามาธิบดีที่ 1 38, 107
라오어 176, 184, 185
라와 족ละว้า 33
라임มะนาว 152~154, 158, 159
라컨 나이ละครใน 134
라컨 넉ละครนอก 134
락슈미Lakshmi 111
란나 왕국ล้านนา 18, 35, 36, 41, 47, 125, 176, 269
란창ล้านช้าง 19
람 웡รำวง 137
람부탄เงาะ 164
람캄행 대왕พ่อขุนรามคำแหงมหาราช 36, 37, 63, 107, 150, 171, 176, 177, 186
람캄행 대학มหาวิทยาลัยรามคำแหง 82, 253
랍ลาบ 156
랏ราด 36
랏따나꼬씬รัตนโกสินทร์ 51, 52, 80, 107, 111, 112, 127, 133, 148, 158, 170, 173, 264, 275
랏차빠땐ราชปะแตน 108, 148, 149
랏차프륵ราชพฤกษ์ 263
랏타니욤รัฐนิยม 59
러이 끄라통 축제ลอยกระทง 76, 77
러이 앙칸ลอย อังคาร 73
레몬그라스ตะไคร้ 152, 153

로즈애플ชมพู่ 163
롭부리ลพบุรี 20, 22, 23, 35, 38, 39, 46, 123, 124, 126
루엉 퍼 쏫พระมงคลเทพมุนี (สด จนฺทสโร) 99
룩니밋ลูกนิมิต 128, 129
룽ลุง 30
류큐선 45
리께ลิก 135, 136
리릿 옹깐챙남ลิลิตโองการแช่งน้ำ 186
리릿 프라러ลิลิตพระลอ 187
리타 Lita 254
리틀 타이거พยัคฆ์น้อย 244

ㅁ

마노라โนราห์ 137
마이 뻰 라이ไม่เป็นไร 67
마캄มะขาม 152
마하 니까이มหานิกาย 94, 98, 100, 101
마하마꾿 랏차윗타얄라이มหามกุฎราชวิทยาลัย 98
마하얀 불교มหายาน 88
마하쭐라롱껀 랏차윗타얄라이มหาจุฬาลงกรณ์ราชวิทยาลัย 98
마하찻 캄루엉มหาชาติคำหลวง 186
마하탓 사원วัดมหาธาตุ 98
마핫타이มหาดไทย 148
마호리โหรี 132
마히돈 대학มหาวิทยาลัยมหิดล 81, 209
마힌다 Mahinda 88
말라꺼มะละกอ 155, 158
말라카 왕국 Malacca 41
망고스틴มังคุด 162
매치แม่ชี 95, 96
머르귀 Mergue 41, 42, 45, 49
머험หม่อฮ่อม 148, 149
먼 족มอญ 33, 34, 47, 64, 122, 170, 172, 173

메콩강 Mekong 16, 19, 31, 33, 41, 56
멩라이เม็งราย 18, 125
(태국어)모음 180
몽꿋มงกุฎ 53~55, 80, 94, 107, 118, 177
무슬림 21, 116~118, 135, 155, 172
무어이 타이มวยไทย 139, 140
무역풍 25
뭉มุง 30
므엉 타이เมืองไทย 262

ㅂ

바우링 John Bowring 55
바이쎄마ใบเสมา, สีมา 128, 129
바잉나웅 Bayingnaung 47
반까오บ้านเก่า 33
반쫑 삐싼타나꾼บรรจง ปิสัญธนะกูล 257
반치앙บ้านเชียง 33, 150
밧บาท 267
방양บางยาง 36
방콕 16, 17, 19, 20, 32, 38, 53, 54, 68, 72, 82, 89, 102, 104, 109, 116, 117, 119, 127, 142, 149, 154, 170, 172, 173, 176, 203, 211, 212, 221, 235, 238, 239, 240, 241, 243, 247, 250, 252, 265
버강 왕조 Pagan 46
버니 Henry Burney 54
버롬마꼿 왕สมเด็จพระเจ้าอยู่หัวบรมโกศ 50
버원니웻 사원วัดบวรนิเวศ 98, 127
봇โบสถ์, อุโบสถ 128, 129
부남 왕국 33, 34
북부 방언คำเมือง 176
붉은색 셔츠 Red Shirts 203

브라만 42, 63~64, 70, 77~78, 107~110, 113, 115, 119, 186
브라흐마신Brahma 107
비RAIN 250
비슈누신Vishnu 107, 108, 110, 111, 187, 263
빅뱅 250, 251
삐까 30
빠차ปาช้า 72
빤롬บ้านลม 166, 167
빳따니ปัตตานี 20, 22, 24, 35, 45, 116~118
빳따니 왕국 117
빳따니-나라티왓 고속도로ปัตตานี-นราธิวาส 232
뽕랑โปงลาง 132, 137
뿌 팟 퐁까리ปูผัดผงกะหรี่ 159
쁘라윳 짠오차ประยุทธ์ จันทร์โอชา 200, 215
쁘라차티뽁ประชาธิปก 58
쁘라텟 타이ประเทศไทย 262
쁘랏야 뻰깨우ปรัชญา ปิ่นแก้ว 257
삐팟ปี่พาทย์ 132, 133

ㅅ

상좌부 불교 72
생령ขวัญ 69, 115
(타이어)성조 178~179
수미산Mount Meru 110
슈퍼주니어 250, 251
스리랑카 37, 40, 50, 88~89, 107, 124~127
승가sangha 51, 80, 90~94, 102~104
시바신Shiva 107, 109, 202, 263
시엠립Siem Reap 16, 39, 56
신분제 사회 43, 63, 64
신왕เทวราชา 42
싱뷰싱 왕Hsinbyushin 50

싱하리즈 스투파Singhalese 124
싸뚠สตูล 22, 24, 116
싸바이สไบ 146, 147
싸봉สบง 95
싸얌สยาม 81, 170, 244, 262
싸얌 나컨 도Siam Nakhon province 16
싸얌 니까이สยามนิกาย 50
싸얌시멘트사Siam Cement Company 206
싸얌 족siam 170
싸이끄럭 이싼ไส้กรอกอีสาน 156
싸이씬สายสิญจน์ 93, 96, 97, 109
싹디나 제도ศักดินา 43, 64~66
싼 프라품ศาลพระภูมิ 109, 113
싼띠아쏙สันติอโศก 102~104
쌍카띠สังฆาฏิ 95
쌍카왓สังฆาวาส 128
써 쌈 싸이ซอสามสาย 133
쎄니เสนีย์ ปราโมช 59
쎗타낏 퍼 피양เศรษฐกิจพอเพียง 221
쏜티 림텅꾼สนธิ ลิ้มทองกุล 198
쏜티 분야랏깔린สนธิ บุญยรัตกลิน 205
쏨 댕โสมแดง 240
쏨땀ส้มตำ 156, 158, 163
쏨 카우โสมขาว 240
쏨땀 타이ส้มตำไทย 158
쏨못띠텝สมมติเทพ 63
쏨싸왈리 전 왕세자비พระเจ้าวรวงศ์เธอ พระองค์เจ้าโสม สวลี พระวรราชาทินัดดามาตุ 210
쏭끄란 축제วันสงกรานต์ 76
쏭클라สงขลา 17, 22, 24, 116, 253
쏭클라나카린 대학มหาวิทยาลัยสงขลานครินทร์ 82
쑤끼สุกี้ 161
쑤리요타이Suriyothai 257

쑤언목สวนโมกขพลาราม 99, 100, 104
쑤엇 아피탐สวดอภิธรรม 72
쑤어이ส่วย 46
쑤코타이สุโขทัย 20~23, 35~37, 41, 63~66, 77, 80~88, 107, 124~127, 130~134, 139, 146~147, 150, 170~171, 176~177, 186, 205, 262, 268, 273
쑤코타이 탐마티랏 개방대학 มหาวิทยาลัยสุโขทัยธรรมาธิราช 82
쑤텝 트억쑤반สุเทพ เทือกสุบรรณ 198
쑤판부리สุพรรณบุรี 22, 23, 38, 39, 41, 122, 176
쑨턴푸สุนทรภู่ 186, 188
쓰엉이싼เซิ้งอีสาน 137
씨쁘랏ศรีปราชญ์ 187
씨나카린위롯 대학มหาวิทยาลัยศรีนครินทรวิโรฒ 81, 253
씨리낏 왕비สมเด็จพระนางเจ้าสิริกิติ์ พระบรมราชินีนาถ 208, 209
씨리턴 공주สมเด็จพระเทพรัตนราชสุดา เจ้าฟ้ามหาจักรีสิรินธร รัฐสีมาคุณากรปิยชาติ สยามบรมราชกุมารี 209
씨위차이ศรีวิชัย 122, 125, 126
씨인트라팃 왕พ่อขุนศรีอินทราทิตย์ 36
씰라빠껀 대학มหาวิทยาลัยศิลปากร 81, 253

ㅇ

아란야와씨อรัญวาสี 99
아윳타야อยุธยา 16, 20~23, 37~39, 41~53, 63~64, 66, 80, 107, 112, 127, 131~137, 141~142, 147~148, 156~157, 170~173, 186~187, 192, 262, 271~272, 277
아이라우อ้ายลาว 30, 34
아피찻퐁 위라쎘타꾼อภิชาติพงศ์ วีระเศรษฐกุล 257
안나 레오노웬스Anna Leonowens 81
알타이 산맥Altai 30
암맛อำมาตย์ 197, 198, 201

앙코르 왕국Angkor 16, 33, 34, 35, 36, 39
얄라ยะลา 22, 24, 116, 118
얌 운쎈ยำวุ้นเส้น 160
얼라웅퍼야AlaungPaya 50
업 62, 91
엉클 분미ลุงบุญมีระลึกชาติ 257
엠브리John F. Embree 62
엽기적인 그녀 247
온라인 게임 251, 252
옹박องค์บาก 246, 257
와치라롱껀 왕세자สมเด็จพระบรมโอรสาธิราช เจ้าฟ้ามหาวชิราลงกรณ์ สยามมกุฎราชกุมาร 209, 210
와치라웃วชิราวุธ 57, 58, 148
완 나오วันเนา 76
완 마카 부차วันมาฆบูชา 73
완 마하쏭끄란วันมหาสงกรานต์ 76
완 아싼하 부차วันอาสาฬหบูชา 73
완 억 판싸วันออกพรรษา 74, 75
완 위싸카 부차วันวิสาขบูชา 73
완 찻뜨라몽콘วันฉัตรมงคล 79
완 카오 판싸วันเข้าพรรษา 74
완 탈르엉쏙วันเถลิงศก 76
완 풋차몽콘วันพืชมงคล 78
왕과 나The King and I 81
왕비 탄신일 79
왕실개발계획 206
용안ลำไย 164
우본랏 공주ทูลกระหม่อมหญิงอุบลรัตนราชกัญญา สิริวัฒนาพรรณวดี 208
우빠쏨봇อุปสมบท 94
우텅อู่ทอง 122, 126, 127, 186, 271, 272
윈난성 30, 31, 167

원더걸스 250
원로회의มหาเถรสมาคม 94, 104
윙 티안วงเทียน 137, 138
윤회계 90, 91
이경손 239, 240, 242, 243
이싼อีสาน 19, 155, 156, 158, 176
인도문화 33, 133
인디카종indica 150, 151
인민당คณะราษฎร 58
인삼상인 238
임진왜란 237
입헌혁명 58, 59, 66, 107, 205
잉락 친나왓ยิ่งลักษณ์ ชินวัตร 183, 198, 200, 215

ㅈ

자유타이운동เสรีไทย 59
(타이어)자음 178
자치정부ราชการส่วนท้องถิ่น 211, 212
자포니카종Japonica 151
작은 고추(프릭 키누)พริกขี้หนู 151, 154
재계일วันพระ 92, 94
재태 한인사회 242
잭 프루츠ขนุน 162
정치적 악순환 194
조공선 44
주술지향성 92
주태국 북한대사관 234
준 민주주의 194, 195
지방정부ราชการส่วนภูมิภาค 211
진랍 왕국 33
짜오 락 므엉เจ้าหลักเมือง 114
짜오프라야 강แม่น้ำเจ้าพระยา 18, 20, 31~34, 51, 56, 63, 126, 142, 151

짜이 옌ใจเย็น 67
짜케จะเข้ 133
짝끄리จักรี 51, 52, 56
짯뚜짝 시장ตลาดจตุจักร 221
쩨디เจดีย์ 128, 129
쭐라랏차몬뜨리จุฬาราชมนตรี 117
쭐라롱껀จุฬาลงกรณ์ 18, 19, 55, 148, 202, 208
쭐라롱껀 대학จุฬาลงกรณ์มหาวิทยาลัย 81, 253
쭐라펀 공주สมเด็จพระเจ้าลูกเธอ เจ้าฟ้าจุฬาภรณวลัยลักษณ์ อัครราชกุมารี 209
찌원จิว 95
찟뜨라라다 궁พระตำหนักจิตรลดารโหฐาน 79

ㅊ

차독ชาดก 128, 130
착 프라ชักพระ 75
처화ช่อฟ้า 128, 129
츠 렌ชื่อเล่น 183
치앙쌘เชียงแสน 125
친 룽Shin lone 141
친 코퍼레이션Shin Corp 196, 197

ㅋ

카놈 찐ขนมจีน 156
카우 니아우ข้าวเหนียว 151, 162, 163
카우 짜오ข้าวเจ้า 151
카우 팟ข้าวผัด 160
칸 똑ขันโตก 155
칸 막ขันหมาก 71
캄마와씨คามาวาสี 99
캑แขก 172
캔แคน 132, 137

커버댄스 251
커스터드 애플น้อยหน่า 164
컨깬 대학มหาวิทยาลัยขอนแก่น 82, 253
컹윙น้องวง 133
코랏โคราช 19, 151, 253
코코넛มะพร้าว 20, 26, 152, 154, 157, 159, 162, 163, 164
콘โขน 132, 135
콰이강의 다리 The Bridge on the River Kwai 21, 241
콴ขวัญ 113~115
쾀 싸눅ความสนุก 67
쿠빌라이칸 Kublai Khan 30, 35, 171
쿤 창 쿤 팬ขุนช้างขุนแผน 188
크로포드 John Crawfold 53
크룻ครุฑ 108, 111, 263
크르엉싸이เครื่องสาย 132
크메르 족เขมร 33
큰 그네(싸오 칭차)เสาชิงช้า 109
클렁뜨어이คลองเตย 221, 235
킹스컵 대회 245

ㅌ

타와라와디ทวารวดี 34, 122, 124~126, 172
타우씨쭐라락 교본ตำรับท้าวศรีจุฬาลักษณ์ 186
타이 너이ไทยน้อย 31
타이락타이 당พรรคไทยรักไทย 195~196
타이 야이ไทยใหญ่ 30
타이어ภาษาไทย 5, 117, 119, 13, 15, 170, 175~178, 180~185, 187, 225, 241, 266
타이 족Thai 30, 31, 33, 35, 63, 107, 125, 132, 170, 171, 175, 262, 266
타일랜드Thailand 262

탁씬ทักษิณ ชินวัตร 195~199, 201~204, 210, 215, 248, 276
탐마까이วัดพระธรรมกาย 99, 104~106
탐마라차ธรรมราชา 37, 47, 52, 63, 268, 273
탐마쌋 대학มหาวิทยาลัยธรรมศาสตร์ 81, 253
탐마윳 니까이ธรรมยุติกนิกาย 94, 98, 100, 107
탐 분ทำบุญ 66, 91
탐 콴ทำขวัญ 69, 115
태국 예산 220
태국상업은행 Siam Commercial Bank 206
태류 244~246, 248, 256, 276
태면 철도 241
텃 까틴ทอดกฐิน 75
텅 입ทองหยิบ 156, 157
테라왓เถรวาท 88
테와라차 왕권เทวราชา 64
톤레삽 TonleSap 39, 41
톤부리 왕조 50, 51, 170
통 뜨라이롱ธงไตรรงค์ 263
텃띠ด 70, 71

ㅍ

파 쫑끄라벤ผ้าโจงกระเบน 108, 146~148
파 찌원ผ้าจีวร 95
파 찝ผ้าจีบ 147
파 카우마ผ้าขาวม้า 146
파 퉁ผ้าถุง, ผ้าซิ่น 146~148
파 탭ผ้าแถบ 147
파파야มะละกอ 158, 163
팍치ผักชี 152~154, 159
팔랑쁘라차촌 당พรรคพลังประชาชน 198, 203
팔정도 62, 90

팟 팍 붕 화이 댕ผัดผักบุ้งไฟแดง 161
팟 타이ผัดไทย 159
펫라차สมเด็จพระเพทราชา 49, 50
포르투갈 47~50, 157
포멜로ส้มโอ 164
포크찹 고지Porkchop 245
포티락สมณะโพธิรักษ์ 99, 102~104
포퓰리즘 203, 204
푸껫ภูเก็ต 20, 22, 24, 116, 243, 252, 253
푸미폰 국왕ภูมิพลอดุลยเดช 79, 111, 177, 193, 200~202, 205~208, 210, 221, 245, 264, 265, 276
풀하우스 248, 255
풋타왓พุทธาวาส 128
풋타탓พุทธทาสภิกขุ 99~101, 104
프놈펜Phnom Penh 37~39, 41
프라 나라이พระนารายณ์ 42
프라 라마티버디พระรามาธิบดี 42
프라 빠릿พระปริตร 92, 93
프라쌍카랏พระสังฆราช 94
프라 아파이마니พระอภัยมณี 137, 188
프라크르엉พระเครื่อง 92, 97
프라 탐마쌋 법전พระธรรมศาสตร์ 64
프라 탐마차오พระเทพญาณมหามุนี(ไชยบูลย์ ธมฺมชโย) 104
프라 탓따치워พระเผด็จ ทตฺตชีโว 104
프랏랏차피티 짜롯프라낭칸락나콴พระราชพิธีจรดพระนังคัลแรกนาขวัญ 78, 108
프라루엉 금언집สุภาษิตพระร่วง 186
프라야 락 나พระยาแรกนา 78
프라이ไพร่ 43, 44, 65
프어타이 당พรรคเพื่อไทย 198, 199
피ผี 113~115

피 끄라쓰ผีกระสือ 114
피 반파부룻ผีบรรพบุรุษ 113
피 뿌야따야이ผีปู่ย่าตายาย 113
피 프라이ผีพราย 114
피 남ผีน้ำ 114
피러꼬พีล่อโก๊ะ 30
피분จอมพลแปลก พิบูลสงคราม 16, 58, 59, 213, 235
피 빠ผีป่า 114
피티 롯남쏩พิธีรดน้ำศพ 72

ㅎ

하누만Hanuman 112, 135
하리푼차이 왕국อาณาจักรหริภุญชัย 35
학생혁명 194, 216
한・태국 FTA 230
한국어 열풍 252
한류 4, 5, 240, 244~248, 250~252, 254~256, 276
핫야이หาดใหญ่ 21, 242
헤탈지항성 90
허뜨라이หอไตร 129
허필제 237, 238
홀란드 동인도회사 49
화인 170~171
후견관계patron-client relationship 65
훈 끄라벅หุ่นกระบอก 137, 138
훈 루엉หุ่นหลวง 137
휘이 텅ฟอยทอง 157, 158
휜 렙ฟ้อนเล็บ 137
휠컨Constantine Paulkon 49
히라도Hirado 44, 45
힌나얀 불교หินยาน 88

태국문화의 즐거움

ⓒ 2016 김홍구

2016년 2월 15일 초판 1쇄 인쇄
2016년 2월 25일 초판 1쇄 발행

지은이 | 김홍구
펴낸이 | 안우리
펴낸곳 | 스토리하우스

편 집 | 권연주
디자인 | 이주현·이수진
등 록 | 제324-2011-00035호
주 소 | 서울시 영등포구 영등포동 8가 56-2
전 화 | 02-2636-6272
이메일 | whayeo@gmail.com
ISBN | 979-11-85006-14-7 03910

값: 16,800원

이 도서의 국립중앙도서관 출판예정도서목록(CIP)은 서지정보유통지원시스템 홈페이지(http://seoji.nl.go.kr)와 국가자료공동목록시스템(http://www.nl.go.kr/kolisnet)에서 이용하실 수 있습니다.
(CIP제어번호 : CIP2016002885)

이 저서는 2009년 대한민국 교육부와 한국연구재단의 인문한국(HK)지원사업의 지원을 받아 수행되었음
(NRF-2009-362-B00016)

이 책은 저작권법에 따라 보호받는 저작물이므로 무단전재와 무단복제를 금지하며 이 책의 내용물 전부 또는 일부를 이용하려면 반드시 저작권자와 스토리하우스의 서면동의를 받아야 합니다. 잘못 만들어진 책은 구입한 곳에서 바꿔드립니다.